ALFABETIZAÇÃO EM QUESTÃO

Dados Internacionais de Catalogação na Publicação (CIP)
Angélica Ilacqua CRB-8/7057

Colello, Silvia M. Gasparian
   Alfabetização em questão : perspectivas e desafios contemporâneos / Silvia M. Gasparian Colello. – São Paulo: Summus, 2025.
   200 p.

   Bibliografia
   ISBN 978-65-5549-154-8

   1. Alfabetização I. Título III. Série

25-0320   CDD 372.4

Índices para catálogo sistemático:

1. Alfabetização

www.summus.com.br

Compre em lugar de fotocopiar.
Cada real que você dá por um livro recompensa seus autores
e os convida a produzir mais sobre o tema;
incentiva seus editores a encomendar, traduzir e publicar
outras obras sobre o assunto;
e paga aos livreiros por estocar e levar até você livros
para a sua informação e o seu entretenimento.
Cada real que você dá pela fotocópia não autorizada de um livro
financia o crime
e ajuda a matar a produção intelectual de seu país.

ALFABETIZAÇÃO EM QUESTÃO

Perspectivas e desafios contemporâneos

Silvia M. Gasparian Colello

summus
editorial

ALFABETIZAÇÃO EM QUESTÃO
Perspectivas e desafios contemporâneos
Copyright © 1995, 2004, 2025 by Silvia M. Gasparian Colello
Direitos desta edição reservados por Summus Editorial

Editora executiva: **Soraia Bini Cury**
Revisão: **Marcelo Madeira**
Capa: **Delfin [Studio DelRey]**
Projeto gráfico: **Crayon Editorial**
Diagramação: **Natalia Aranda**

Summus Editorial
Departamento editorial
Rua Itapicuru, 613 — 7º andar
05006-000 — São Paulo — SP
Fone: (11) 3872-3322
http://www.summus.com.br
e-mail: summus@summus.com.br

Atendimento ao consumidor
Summus Editorial
Fone: (11) 3865-9890

Vendas por atacado
Fone: (11) 3873-8638
e-mail: vendas@summus.com.br

Impresso no Brasil

Para meu querido neto Adrian. Que você, como representante da sua geração, possa encontrar uma sociedade mais letrada e igualitária, tendo a língua escrita como aliada na busca de conhecimento e como caminho para muitas realizações pessoais.

Sumário

Introdução 9

1 Escrita e linguagem 13
2 Escrita e educação de corpo inteiro 19
3 Escrita e oralidade 29
4 Alfabetização como construção cognitiva 35
5 Currículo oculto e letramento emergente 65
6 Linguagem e discriminação social 73
7 Alfabetização e pensamento 79
8 Escrita e pedagogia da alfabetização 93
9 Alfabetização e letramento 135
10 Alfabetização ou alfabetização digital? 153

Conclusão 167
Referências 171
Apêndice — Materiais complementares 183

Introdução

Na tentativa de enfrentar o fracasso escolar nos anos iniciais do ensino fundamental[1], não podemos mais ignorar a complexidade do processo de alfabetização. Por trás da aprendizagem aparentemente simples, que é o conhecimento das letras e do modo de associá-las, existem aspectos linguísticos, psicológicos, sociológicos, pedagógicos, psicomotores e emocionais que, em conjunto, são responsáveis pela conquista da língua escrita.

Desde a década de 1980, os estudos sobre a alfabetização têm procurado evidenciar as diferentes facetas desse processo, descortinando certas dimensões nem sempre assimiladas pela escola. Não se pode negar que a maior contribuição desses trabalhos reside na compreensão diferenciada do ensino da língua escrita em relação às práticas tradicionais de alfabetização. Uma compreensão que redimensiona a questão do analfabetismo e do analfabetismo funcional dentro e fora da escola.

Se, do ponto de vista teórico, a conquista da língua escrita vem sofrendo consideráveis avanços, do ponto de vista prático, ainda estamos longe de incorporar os princípios de um ensino inclusivo, democrático, compatível com o perfil dos nossos alunos e com as demandas do nosso mundo.

---

1. Nomenclatura instituída pela Lei n. 11.274, de 6 de fevereiro de 2006, que estabeleceu as diretrizes e bases da educação nacional, dispondo o ensino fundamental de nove anos com matrícula obrigatória a partir dos 6 anos de idade. Os anos iniciais vão do 1º ao 5º ano.

Ainda que bem-intencionados, muitos professores patinam num mar de novas propostas mal compreendidas. Ao lado delas, vigoram rançosas concepções de ensino que, pela força da tradição, da insegurança e — por que não dizer? — da desinformação, das precárias condições de trabalho e da inconsistente formação profissional, representam verdadeiros entraves para aqueles que sonham com a implantação de um ensino melhor.

As instituições escolares clamam por medidas práticas que possam dar respostas novas e definitivas ao fracasso escolar. Para desencanto de pais, educadores e alunos, tais medidas, ao contrário de muitas tentativas do passado, não mais chegam às escolas como se fossem fórmulas mágicas. Desta vez não existem métodos milagrosos, cartilhas promissoras ou condutas infalíveis. O que existe são estudos cujo fim não é outro senão o de atentar para as especificidades de um processo bastante complexo que é a alfabetização.

A partir daí, a renovação das práticas pedagógicas deverá ser precedida pelo estudo, pela séria revisão dos tradicionais princípios e das estratégias em sala de aula que, durante tantos anos, marcaram o ensino da língua materna. Assim, somos obrigados a admitir que a alfabetização é um desafio a ser enfrentado individual e coletivamente pelos educadores à luz de referenciais linguísticos, sociolinguísticos e psicológicos, isto é, de uma melhor compreensão a respeito da língua, da criança como sujeito aprendiz e de seus processos de aprendizagem.

Partindo desse pressuposto, o objetivo desta obra é contribuir para essa reflexão, repensando o tema da leitura e da escrita na sua dimensão mais ampla. Para tanto, pretendemos enfocar a alfabetização nas suas relações com a linguagem, o corpo, a oralidade, os processos cognitivos envolvidos nessa conquista, o pensamento, a ideologia e o processo de aprendizagem dentro e fora da escola.

É bom lembrar que o tratamento distinto a cada um desses aspectos não passa de um esforço teórico para a melhor compreenderemos a realidade. Na prática, sabemos que todos eles são indissociáveis, fazendo parte de um mesmo processo.

Sem a pretensão de apresentar soluções práticas imediatas ou de esgotar cada um dos temas propostos, nossa preocupação será a de alinhavar concepções numa reflexão simultaneamente crítica e esclarecedora.

1
Escrita e linguagem

Ao contrário dos animais, cujas bases fisiológicas predeterminam seus limites e possibilidades, o ser humano conta com um equipamento não corpóreo — a razão — que lhe permite uma infinidade de oportunidades na manifestação de si. A possibilidade de usar o seu corpo para expressar e comunicar suas ideias parece estar associada à capacidade de aprendizagem. Aproveitando-se da tradição, das convenções e das conquistas de seus antepassados, a cultura é construída a partir dos intercâmbios entre os seres humanos. Ela seria impossível se o indivíduo encerrasse em si a sua história de vida.

A expressividade tipicamente humana teve início no momento em que pudemos dispensar nossas "patas dianteiras" do trabalho de transportar o corpo (Leroi-Gourhan, 1987). A conquista da postura ereta pode ser avaliada em pelo menos três pontos cuja consequência é o advento da comunicação inteligente:

- a mão, que se libera para o uso do utensílio;
- a posição do rosto, que favorece a comunicação e a linguagem; e
- o ângulo de visão, que revoluciona a concepção de mundo, a percepção das coisas e a estruturação das ideias.

O uso da palavra como técnica de intercâmbio é, indubitavelmente, a mais fantástica invenção da humanidade — invenção que é constituinte das pessoas não só porque transforma a relação entre elas, mas também porque transforma a relação delas com o mundo (Vygotsky[2], 1987), recriando sentidos e a própria linguagem (Bakhtin, 2014; Geraldi, 2003).

> Parece haver uma espécie de condenação ao sentido: dois *homines sapientes* postos um na frente do outro acabam produzindo linguagem. O discurso sempre envolve colocar em circulação sentidos, compreensões que fazemos do mundo. A construção do *homo sapiens* é uma construção que se dá precisamente nos processos da construção discursiva. Consideramos como trabalho o conjunto de discursos que produzimos nestas relações. Um trabalho social, histórico, compartilhado e interativo. E constitutivo. (Geraldi, 2009, p. 218)

Nesse sentido, a produção linguística, longe de ser compreendida como uso de um sistema fechado, merece ser concebida como um trabalho efetivo. Mas a fala não existe por si só; ela é reforçada, atenuada ou modificada pelo conjunto de expressões fisionômicas, posturas, gestos e atitudes que interferem no quadro semântico da mensagem veiculada. Em outras palavras, a língua (oralidade e escrita como produções verbais) se integra à linguagem, conjunto estruturado e sistemático de recursos expressivos que foram sendo coletivamente construídos através dos tempos, com base em normas e convenções mais ou menos estáveis.

Não cabe aqui avaliar o papel do gesto e da palavra na evolução da espécie humana, mas é certo que ambos têm significado porque, de algum modo, representam a ideia. O divórcio entre as

---

2. Hoje se entende que a forma mais correta de escrever o sobrenome do autor é Vigotski. Porém, para fins bibliográficos, manteremos a grafia determinada pelas editoras brasileiras. [N. E.]

manifestações humanas e o pensamento impossibilita a construção da mensagem e, consequentemente, a comunicação efetiva.

Diante das exigências de fixação do pensamento, a história da expressão humana foi marcada por uma sucessão de conquistas das quais a escrita, a imprensa, a fotografia, o cinema e a cultura digital são exemplos notáveis.

A vitalidade das diferentes formas de representação linguística só existe na expressão concreta daqueles que as atualizam. Todos sabemos que a expressão de cada falante é fortemente influenciada pela sua idade, sexo, profissão, posição social, grau de escolaridade, classe econômica e local onde reside. Além disso, fatores como a relação hierárquica entre os interlocutores, a imagem recíproca que fazem um do outro, os conhecimentos ou valores que compartilham, as condições da fala, o grau de intimidade, o estado emocional dos indivíduos envolvidos e o contexto de produção podem significar mais do que as próprias sentenças. Independentemente das dimensões gramatical, sintática e fonética, ou dos meios com que foram veiculadas as mensagens, há de se considerar os fatores históricos, geográficos, socioculturais, situacionais e pessoais determinantes das variantes linguísticas. Toda linguagem tem o seu lado semântico e pragmático, que não nos permite ignorar os propósitos e recursos daquele que se exprime.

Obviamente, o que é válido para a linguagem verbal tem o seu correspondente nas demais manifestações expressivas, embora elas sejam menos compreendidas e valorizadas.

Em uma tentativa de classificar os elementos da linguagem, Gutierrez (1978) descreve cinco formas básicas de comunicação, a saber: cinestésica[3], oral, escrita, icônica[4] e sonora.

---

3. A linguagem cinestésica inclui todas as formas não verbais de linguagem, constituindo-se de movimentos corporais e gestuais interpretados na sua dimensão expresso-comunicativa.
4. A linguagem icônica é baseada em imagens ou sinais figurativos semelhantes ou análogos aos objetos que pretendem representar, tais como a fotografia, os desenhos etc.

Na prática, esses diferentes elementos estão de tal forma associados que é quase impossível apreendê-los de forma isolada. No cinema, por exemplo, imagem, som e fala aparecem perfeitamente articulados. Nos concertos musicais, não há como separar o movimento do músico ao tocar um instrumento e o som por ele produzido. Um quadro de Picasso deixa transparecer ações e mensagens que de modo algum ficam aprisionadas pela estaticidade da tela. Enfim, é difícil estabelecer fronteiras rígidas entre elementos que se complementam tão bem no ato da comunicação humana.

Ao contrário do que se possa pensar, as manifestações expressivas articuladas e plurais não são uma prerrogativa dos adultos. A seu modo, as crianças, desde muito cedo, têm formas típicas de interagir e de se comunicar. Quando choram, balbuciam, falam, desenham, cantam, dançam e brincam, elas "se traduzem" e reagem aos outros por meio de representações típicas não menos importantes no mundo da comunicação. Ainda que de modo peculiar e inusitado, essas linguagens são legítimas e merecem a atenção dos educadores, pois são inerentes ao processo de aprendizagem e desenvolvimento (Edwards, Gandini e Forman, 2015).

O conjunto das formas de comunicação, incluindo suas diversas manifestações e interdependências, chamado por Gutierrez (1978) de "linguagem total", é hoje mais conhecido como "múltiplas linguagens", em função do advento das tecnologias e multimídias. O maior domínio sobre elas implica, na mesma proporção, a maior possibilidade de conhecimento, de manifestação de si, de intercâmbio com os outros e de participação social.

Nesse sentido, conquistar a linguagem significa (ou deveria significar) apropriar-se de seus elementos básicos e dos recursos do nosso tempo, recriando suas práticas em um verdadeiro "livre trânsito" dos diversos modos de comunicação e, por essa via, ampliar os possíveis laços entre a expressão e a ideia (Colello, 2016; Ferreiro, 2013; Edwards, Gandini e Forman, 2015). De modo inverso, ignorar ou limitar a pluralidade linguística é empobrecer a expressão criativa e inteligente. É o que ocorre quando a oralidade, a comunicação gestual e a interpretação das imagens passam a representar o segundo plano do que se convencionou chamar de alfabetização. Desconsiderando todos os recursos expressivos conquistados pela criança, a escola pretende ensinar um "novo" sistema de comunicação — a escrita — como se ele pudesse ter completa autonomia: independente da fala, do desenho, do gesto, da mímica e, pior que isso, da ideia (Colello, 2003, 2012).

Poucos são os que concebem a alfabetização como mais uma possibilidade de lidar com a linguagem, isto é, como um estágio do desenvolvimento dos recursos comunicativos, que evoluem na mesma proporção da necessidade pessoal (e humana) de compreender o mundo e de se fazer presente para os outros.

Tal como foi para os nossos ancestrais pré-históricos, as inscrições infantis (desenho, pseudoescrita ou escrita efetiva) fazem parte de um quadro mais amplo de possibilidades expressivas que se manifestam por meio de um incontável número de vivências orais, físicas, gestuais, sensoriais e motoras. Todas essas experiências, reflexos de um "eu" afetivo e cognitivo, ampliam as possibilidades de interação, deixando o sujeito na condição de "inventor de linguagens": aquele que, por recriar os meios de manifestação, torna-se "cúmplice" de toda a humanidade.

Particularmente no que diz respeito à conquista da escrita, a criança revive a histórica busca de registros funcionais (apoio à memória, correspondência a distância, sistematização ou institucionalização de regras, leis e informações) que tem na escrita a mais adequada forma de expressão (Colello, 2021b; Luria, 1988). O registro gráfico concretizado no ato de escrever é a extensão de outras possibilidades comunicativas (como falar e desenhar) que puderam ser adaptadas e organizadas em uma nova linguagem (Vygotsky, 2000). Mas, assim como não existe indício de que a humanidade chegou ao estágio final dessa forma de representação, não há como determinar o momento final da aprendizagem, limitando a alfabetização ao puro conhecimento do sistema alfabético nos dois primeiros anos do ensino fundamental (atualmente considerado o ciclo da alfabetização no Brasil). Muito pelo contrário, aquele que escreve deve estar sempre descobrindo novas formas de manifestação. Nesse sentido, a conquista da escrita pressupõe o aproveitamento de todo o repertório linguístico (a linguagem total ou as múltiplas linguagens) numa aprendizagem permanente, que nunca se conclui porque traz em si a possibilidade de novas formas de manifestação. A escrita, em qualquer estágio de aprendizagem e produção, faz parte de um processo essencialmente criativo.

2

Escrita e educação de corpo inteiro[5]

O princípio da linguagem total é, do nosso ponto de vista, perfeitamente compatível com a proposta de educação de corpo inteiro. Se o que fundamenta o primeiro é o aproveitamento de todos os recursos, elementos e dimensões da linguagem, o que legitima a segunda é o desenvolvimento da criança na sua plenitude, isto é, levando em consideração os aspectos motor e físico — que muitas vezes são desconsiderados no âmbito das salas de aula.

Em comum, essas duas propostas visam aproveitar o repertório infantil — linguístico ou motor — em prol da conquista de recursos mais complexos na manifestação e expressão pessoais. Vem daí a proposta da Base Nacional Comum Curricular (Brasil, 2017) que integra a educação física à área de linguagens (p. 211):

> A educação física é o componente curricular que tematiza as práticas corporais em suas diversas formas de codificação e signi-

---

5. Este capítulo foi publicado, com pequenas alterações, na forma de artigo (Colello, 1993). A expressão "educação de corpo inteiro" foi cunhada por João Batista Freire (1989) em publicação de mesmo nome.

ficação social, entendidas como manifestações das possibilidades expressivas dos sujeitos, produzidas por diversos grupos sociais no decorrer da história. Nessa concepção, o movimento humano está sempre inserido no âmbito da cultura e não se limita a um deslocamento espaço-temporal de um segmento corporal ou de um corpo todo.

Toda criança, ao ingressar na escola, dispõe não apenas da fala, mas de um arsenal de comportamentos motores que, independentemente da sua dimensão funcional e prática, representa também uma face da própria linguagem. Isso porque o corpo, tal como as palavras, transmite formas de ser e de pensar, modos de se fazer presente no mundo e de interagir com os demais. Nesse sentido, concordamos inteiramente com Le Boulch (1987, p. 68) na crítica àqueles que desconsideram a dimensão expressiva do movimento humano:

> Os trabalhos voltados para a expressão e a comunicação consideram quase constantemente de modo implícito que existe apenas a linguagem verbal e que toda a comunicação se faz por intermédio da palavra. Nós, ao contrário, pensamos que a relação com outrem é feita primeiro por intermédio do corpo: é pelo corpo que ficamos presentes em outrem e, com ele, no mundo.

Segundo o autor, a desconsideração do movimento humano fundamenta-se na concepção dicotômica do homem, tão enraizada na nossa cultura, que, lamentavelmente, prejudica a formação do indivíduo como um todo. Quando a totalidade do organismo é bipartida em corpo e mente, não há como evitar a supervalorização das atividades intelectuais em detrimento das físicas. A consequência de tal postura é o desprezo daquilo que o mundo infantil tem de mais evidente: a atividade lúdica, a necessidade de movimento, a exploração do espaço e as vivências corporais.

Para João Batista Freire (1989), a criança é uma especialista do brincar. O bloqueio do seu espaço de ação é a própria negação da cultura infantil, um verdadeiro entrave ao desenvolvimento afetivo, social e cognitivo. Assim,

> ao situar nosso enfoque em crianças de escola de primeiro grau [ensino fundamental], estamos tratando de um universo em que os atos motores são indispensáveis, não só na relação com o mundo (nesse aspecto, serão sempre indispensáveis), mas também na compreensão dessas relações. Por um lado, temos a atividade simbólica, isto é, as representações mentais (a atividade mais solicitada pela escola); por outro, temos o mundo concreto, real, com o qual se relaciona o sujeito. Ligando-os está a atividade corporal. Não se passa do mundo concreto à representação mental senão por intermédio da ação corporal. A criança transforma em símbolos aquilo que pode experienciar corporalmente: o que ela vê, cheira, pega, chuta, aquilo de que corre e assim por diante. Assusta-me ver crianças sentadas durante horas em um banco escolar, falando de coisas como "dois mais dois", "o menino viu a vaca", que podem não passar de sinais gráficos ou sonoros, desvinculados da atual realidade delas. O mundo da escola de ensino fundamental teria de ser transformado em um mundo concreto de coisas que têm significado para a criança. Isso, no entanto, só pode ser feito com indivíduos conscientes, ativos, dinâmicos, realizadores e transformadores. (p. 81)

Com base nessas considerações, duas perguntas nos parecem relevantes, sobretudo na análise de como a escola concebe as relações entre o corpo e o projeto de alfabetização:

- Na busca de seus objetivos, como a escola tem considerado a atividade corporal da criança?
- Como a escola deveria trabalhar o corpo, tendo em vista a proposta de educação de corpo inteiro?

A atividade corporal na escola

Tradicionalmente, a escola tem desconsiderado a natureza da atividade motora das crianças, e estas sofrem, desde os primeiros dias de aula, uma restrição no seu modo de ser e agir. O brinquedo, como forma de construção do real, parece não fazer parte das estratégias pedagógicas para as quais o silêncio, a disciplina e a imobilidade são componentes fundamentais. O espaço da atividade infantil fica circunscrito à visão estreita em que o movimento é considerado unilateralmente, isto é, destacado de qualquer outra esfera do desenvolvimento humano (a inteligência, a afetividade, a socialização e o conhecimento).

Nesse contexto, até mesmo as aulas de educação física se restringem às atividades de recreação ou de fortalecimento muscular, nas quais o movimento parece ter um fim em si mesmo. Paralelamente, muitos professores, em sala de aula, ainda trabalham a motricidade infantil visando apenas a uma mecânica padronizada de comportamento. Quando a escrita era considerada um ato prioritariamente motor (que não impõe ao aprendiz grandes esforços cognitivos), a maior preocupação dos alfabetizadores costumava recair no treinamento das habilidades responsáveis pelos aspectos figurativos da escrita (coordenação motora, discriminação visual e organização espacial). Os repetitivos exercícios de coordenação e os traçados gráficos copiados a partir de um modelo funcionaram durante muito tempo como a tônica do "trabalho de prontidão", que tinham por objetivo educar a mão para o desenho da escrita na busca da boa caligrafia.

Os trabalhos construtivistas, que se propuseram a buscar a "pré-história da escrita" na criança (Colello, 2021b; Ferreiro, 2001b, 2007, 2013; Ferreiro e Teberosky, 1986; Luria, 1988; Vygotski, 2000), evidenciaram que, muito antes da aprendizagem formal da escrita, a criança opera cognitivamente na

Alfabetização em questão

tentativa de compreender esse sistema de representação, elaborando, desde muito cedo, importantes hipóteses acerca do seu funcionamento.

Por trás da mão que pega o lápis, dos olhos que olham, dos ouvidos que escutam, há uma criança que pensa. Essa criança que pensa não pode ser reduzida a um par de olhos, de ouvidos, e de uma mão que pega o lápis. Ela pensa o propósito da língua escrita. O processo de alfabetização nada tem de mecânico, do ponto de vista da criança que aprende. (Ferreiro e Teberosky, 1986, p. 68)

Ora, quando a alfabetização é concebida como esforço cognitivo, o enfoque pedagógico, antes centrado na dimensão figurativa da escrita, passa a ser o estímulo à elaboração mental, visando à construção dos modos de produção e interpretação. A esse respeito, Ferreiro (1986a, p. 23-24) afirma que

> sem dúvida, os aspectos figurativos são importantes. Eles quase sempre foram considerados como os únicos aspectos relevantes para as produções escritas. Entretanto, desde que começamos nossa pesquisa sobre o processo de desenvolvimento da escrita, consideramo-lo como um processo psicogenético, no sentido piagetiano. Logo ficou evidente que o enfoque sobre os aspectos figurativos obscurecia características mais importantes do desenvolvimento. Fomos portanto obrigados a colocar os aspectos figurativos em um segundo plano, a fim de permitir que os aspectos construtivos viessem à luz. Estes aspectos construtivos são os que realmente escaparam da percepção de psicólogos infantis (mesmo daqueles influenciados pela teoria piagetiana!).

O impacto dessa postura na prática pedagógica merece ser avaliado nas suas duas faces: o que se quis defender (o processo psicogenético) e o que se pretendeu criticar (a preocupação dos educadores com os aspectos figurativos). Se, por um lado, a ênfase no aspecto cognitivo revolucionou a tradicional pedagogia da alfabetização, prestando-lhe uma indispensável contribuição, a crítica às práticas mecânicas da escrita, tais como a cópia e as atividades de caligrafia, ainda tem desorientado muitos professores.

Por outro lado, embora eles reconheçam a importância da atividade física e do desenvolvimento psicomotor, nem sempre sabem como orientar esse trabalho à luz das propostas construtivistas. A esse respeito, vale questionar: é possível integrar a educação física ao projeto psicogenético de ensino e aprendizagem?

Ora, para alguns construtivistas (ou "pseudoconstrutivistas"), o tema do movimento simplesmente não se coloca. É como se o construtivismo só se aplicasse "do pescoço para cima", perpetuando uma tradição de ensino intelectualista, que insiste em desconsiderar o corpo.

Se, do ponto de vista científico, é possível privilegiar um aspecto da alfabetização — tal como fizeram Emilia Ferreiro e Ana Teberosky (1986) na consideração da face cognitiva —, do ponto de vista prático, é impossível ignorar a dimensão corporal numa proposta de educação.

A proposição de atividades físicas na escola merece atenção não só pela sua relevância no contexto da prática pedagógica, mas também pela oportunidade de enfrentar questões nem sempre evidentes para pais e educadores: o papel da educação física na educação básica e a consideração do corpo na escola. A análise desses temas torna evidente a inadequação dos exercícios corporais mecânicos (a atividade física como mera recreação ou a serviço da estética pessoal) e evita uma tendência atual bastante comum (embora não generalizada) que, em nome da prioridade dos conteúdos escolares, relegou o desenvolvimento motor a um *laisser faire* pedagógico, no qual o corpo fica sempre em segundo plano.

Resta saber como a dimensão psicomotora poderia ser integrada a um projeto educativo.

Educação de corpo inteiro

Quando o movimento é compreendido na sua real complexidade, torna-se impossível separar o "poder fazer" (dimensão psicomotora), "o saber fazer" (dimensão cognitiva) e o "querer fazer" (dimensão socioafetiva). A conjunção desses fatores parece ser consequência da orientação teórica de alguns autores (entre eles, Piaget, Wallon e Vigotski) que entendem a atividade motora como um meio de adaptação, de transformação e de relacionamento da criança com o seu mundo.

Com efeito, a movimentação física, desde os primeiros dias de vida, está longe de ser aleatória, inconsequente e estéril. A ação corporal, as atividades de manipulação, os jogos simbólicos e a vivência das sensações constituem o elo entre o eu, o mundo e os outros, e esse é o primeiro plano de um fazer mental e expressivo. Tal constatação justifica o esforço para integrar o movimento às iniciativas educativas.

Indiscutivelmente, o desenvolvimento infantil caminha no sentido da interiorização e abstração dos modos de ação inteligente. É bem verdade que, em um primeiro momento, a criança aprende a lidar com o meio por meio de atividades sensório-motoras e de operações concretas, e que, posteriormente, ela se torna capaz de realizar tarefas semelhantes por meio de uma ação mental. Mas isso não justifica a pressa dos educadores que pretendem queimar etapas, forçando a interiorização de formas de pensamento que não estão suficientemente maduras para dispensar o fazer corporal. Nesse aspecto, estamos de acordo com aqueles teóricos que propõem, em cada etapa da evolução individual, o pleno desenvolvimento do potencial motor.

Le Boulch (1986) considera a educação psicomotora uma base para todo o aprendizado escolar, na medida em que ela possa promover o desabrochar humano não apenas no desenvolvimento das funções motoras, mas nas relações destas com as funções mentais. João Batista Freire (1989) amplia essa ideia, mostrando que, além da "educação do e pelo movimento"[6], trata-se de garantir a educação de corpo inteiro, entendida como a associação entre o ato motor e a compreensão, a consciência de si para o fazer e o não fazer (tensões e relaxamentos), para o relacionar-se com os outros e com os objetos, garantindo, a cada momento, a melhor forma de ser.

Durante toda a infância, a atividade corporal explícita nos jogos expressivos e simbólicos (mímicas, dramatizações e o faz de conta), nas atividades da vida diária (andar, correr, puxar, empurrar, transportar, saltar etc.), nos movimentos específicos (desenhar, pintar, recortar, colar, encaixar, empilhar) ou nas brincadeiras infantis (esconde-esconde, barra-manteiga, queimada, jogos de roda, entre outros), produz meios insubstituíveis para o desenvolvimento pessoal nas suas esferas motora, afetiva e cognitiva.

Lamentavelmente as oportunidades que a criança tem para estimular/exercitar o seu repertório motor têm sido consideravelmente reduzidas, sobretudo no caso dos grandes centros urbanos. O interesse pelos aparelhos digitais e jogos eletrônicos, a falta de espaço nos apartamentos, escolas e casas e a pouca segurança dos parques ou áreas de lazer fazem das antigas "brincadeiras de rua" uma possibilidade remota para as crianças de hoje.

A compensação dessa perda fica indiscutivelmente a cargo da escola, que, em nome do pleno desenvolvimento infantil, não pode se esquivar da tarefa de trabalhar também o corpo.

Quanto tempo levarão os nossos educadores para se conscientizar de que os estímulos motor e expressivo são caminhos fundamentais para atingir tudo aquilo que a escola mais objetiva? Afinal, o brincar traz em si a necessidade de conhecer e de

---

6. Educação do movimento: conquista de movimentos cada vez mais coordenados. Educação pelo movimento: uso da base motora para outras aquisições.

lidar com determinadas situações (Vygotski, 1988). Pelo jogo simbólico, a criança que brinca com casinhas, bonecas e carrinhos pode, por exemplo, recriar as bases de funcionamento da sociedade, reviver as relações entre as pessoas, experimentar sentimentos e conflitos típicos de seu mundo.

No que diz respeito à alfabetização, entendemos que os benefícios conquistados pela educação de corpo inteiro interferem positivamente nesse processo, não apenas no que tange à dimensão figurativa da escrita (caligrafia, posição das letras e disposição do traçado no papel), mas também no que se refere aos significados, propósitos e à compreensão do ato de escrever. A conjugação ato e significado (movimento e ideia), que tem na escrita uma das mais belas formas de comunicação, só é possível enquanto continuidade de um longo processo expressivo dado pela conquista das representações simbólicas, tais como os gestos socializados, a fala, as brincadeiras de faz de conta e os desenhos. Aquele que escreve põe no papel mais do que traços e sinais gráficos, porque a escrita só existe efetivamente quando o sujeito se dispõe a compreendê-la como objeto cultural e sistema de representação, quando se torna capaz de refletir sobre suas especificidades e suas práticas sociais — o que, aliás, costuma acontecer muito mais cedo do que os educadores costumavam prever.

Na conquista pessoal das múltiplas linguagens, a alfabetização é um entre tantos empreendimentos a serem enfrentados pela criança. Sem desmerecer o valor da escrita, cumpre situá-la num rol mais amplo das possibilidades interativas do homem, como propõe a Base Nacional Comum Curricular (Brasil, 2017). A relação entre a educação corporal e a conquista da escrita não se explica pelo propósito específico de habilitar a mão que desenha as letras, mas pelo amplo esforço de promover, em cada um, a expressão das ideias que (entre outras possibilidades de manifestação) podem ser escritas.

3

Escrita e oralidade

A compreensão da escrita como um sistema de representação da fala pressupõe uma dupla consciência.

No primeiro momento, o indivíduo deve perceber a estreita relação entre a oralidade e a escrita. Embora essa seja uma ideia bastante óbvia para o adulto alfabetizado, ela não é evidente para as crianças pequenas. As pesquisas psicogenéticas, em especial o trabalho realizado por Ferreiro e Teberosky (1986), demonstraram que muitas esperam ver, na palavra escrita, características do objeto em si, como se a palavra "boi" precisasse ter mais letras que "formiguinha" dada a comparação entre o tamanho dos animais. O entendimento de que o simbolismo das letras independe do objeto resulta na descoberta de que a escrita é o "desenho" das palavras, isto é, da sua estrutura sonora.

Mas a compreensão do caráter fonético da escrita não garante o pleno domínio do sistema. Esse é, por exemplo, o caso da criança que escreve HTA para designar "A GATA". Na sua tentativa de representar o som, ela fracassa justamente por não compreender uma particularidade do sistema (o valor fonético do H).

Ainda que vinculada à oralidade, a escrita tem história própria, cujo desenvolvimento é dado pela percepção de que fala e escrita são sistemas relativamente autônomos, com características próprias, servindo a diferentes (ou alternativos) propósitos. Assim, em um segundo momento, a criança deve compreender as diferenças e as especificidades que marcam esses dois sistemas de linguagem. Uma vez descartada a hipótese da escrita como pura transcrição sonora da fala, resta compreender a natureza e o funcionamento próprios do novo sistema de representação.

Nesse sentido, vale a pena lembrar a seguinte passagem de Vygotsky (1987, p. 85):

> Nossa investigação mostrou que o desenvolvimento da escrita não repete a história do desenvolvimento da fala. A escrita é uma função linguística distinta, que difere da fala oral tanto na estrutura como no funcionamento. Até mesmo o seu mínimo desenvolvimento exige um alto nível de abstração. É a fala em pensamento e imagens apenas, carecendo das qualidades musicais, expressivas e de entonação da fala oral. Ao aprender a escrever, a criança precisa se desligar do aspecto sensorial da fala e substituir palavras por imagens de palavras. Uma fala apenas imaginada, que exige a simbolização de imagem sonora por meio de signos escritos (isto é, um segundo grau de representação simbólica), deve ser naturalmente muito mais difícil para a criança do que a fala oral, assim como a álgebra é mais difícil do que a aritmética. Nossos estudos mostraram que o principal obstáculo é a qualidade abstrata da escrita, e não o subdesenvolvimento de pequenos músculos ou quaisquer outros obstáculos mecânicos.

Mais que uma aprendizagem de habilidades, conceitos ou regras, o alfabetizando deve conquistar uma consciência metalinguística (a partir daquilo que ele já domina) e construir uma nova relação com a fala interior a fim de conciliar seus processos mentais com as exigências da escrita (a gramática, a sintaxe e a plenitude da sua atualização) — sem, com isso, perder de vista o seu objetivo fundamental, que é a comunicação. Se o que priorizamos é a escrita como meio de expressão das ideias e a leitura como compreensão do mundo, não há como negar a necessidade de sintonia entre o pensamento e a linguagem nem a mediação entre o falar e o escrever.

Franchi (1988) constatou que é vendo a sua fala registrada no plano gráfico (por exemplo, quando o professor assume o papel de escriba, registrando as palavras ditadas pelo aluno) que a criança desperta para a compreensão da natureza da língua escrita, motivando-se pela busca dessa nova forma de expressão. Lamentavelmente, são poucos os professores que se valem de tão precioso recurso para o ensino da língua escrita. Na defesa dessa ideia, o argumento de Marson (1989, p. 44) parece-nos intrigante: "Ora, se o ouvir e falar precedem o ler e o escrever, por que a escola não há que se interessar mais pela expressão oral e planejar atividades que enfatizem e enriqueçam esta modalidade linguística? Bem ao contrário é o que se verifica!"

Como o objetivo maior da escola é a alfabetização (muitas vezes entendida como mera aquisição do sistema alfabético, sem necessariamente despertar a consciência linguística), as práticas pedagógicas, centradas unicamente nas letras e regras do bem escrever, acabam por desconsiderar a oralidade, não se dando conta da relação implícita entre elas. E,

> na medida em que não damos espaço à fase de mediação entre oralidade e escrita, complicamos de forma desnecessária o momento já intrinsecamente difícil da alfabetização, visto como interpretação recíproca do alfabetizador e do alfabetizando. É justamente esta fase de mediação que precisa ser fortalecida de várias formas: temos que tentar devolver o gosto e a confiança na oralidade, o prestígio da arte verbal, a discussão sobre as hipóteses relativas ao que seria a escrita, a leitura oral em voz alta de livros escritos e impressos e a discussão dos seus conteúdos, comparados com

conteúdos de histórias da tradição oral. Todas estas, e outras, seriam as práticas necessárias para fortalecer ou até mesmo instituir a fase de mediação entre oralidade e escrita. (Gnerre, 1991, p. 61)

Partindo do pressuposto da forte relação entre fala e escrita, não é por acaso que a Base Nacional Comum Curricular (Brasil, 2017) propõe os quatro eixos integrados para o ensino da língua escrita no ensino fundamental: oralidade, leitura, produção textual e reflexão linguística.

Lamentavelmente, o que se vê em muitas escolas é a negação (ou o desprezo) pelo dialeto, a cultura e o saber popular, que definitivamente parecem não encontrar espaço nas tarefas em sala de aula. A criança que ingressa na escola traz o domínio da linguagem oral popular e coloquial. A escola, não raro, direciona todas as suas atividades objetivando a linguagem escrita "culta" e formal, sem perceber que o aporte verbal do aluno é a via mais segura para tal conquista (e para muitas outras). Em outras palavras, o professor "cobra" do aluno exatamente aquilo que ele não tem para dar. Nesse caso, a criança se vê obrigada a abandonar o seu universo linguístico e cultural em nome de um "não-se-sabe-o-quê". Trata-se de uma imposição escolar que, mediante critérios bastante discutíveis, privilegia determinado saber — o da classe dominante —, elegendo-o como o único conhecimento legítimo. Assim,

> os casos de "fracassos" escolares são casos de solidão dos alunos no universo escolar: muito pouco daquilo que interiorizam através da estrutura de coexistência familiar lhes possibilita enfrentar as regras do jogo escolar (os tipos de orientação cognitiva, os tipos de práticas de linguagem, os tipos de comportamentos próprios da escola), as formas escolares de relações sociais [...]. Estão portanto sozinhos e como que alheios diante das exigências escolares. (Lahire, 1995, p. 9)

O fracasso escolar é assim traduzido por altos índices de (supostos) problemas de aprendizagem, indisciplina, apatia, descomprometimento do estudante com a vida estudantil e, sobretudo, de analfabetismo funcional (Aquino, 1997; Carraher, Carraher e Schliemann, 1989; Charlot, 2013; Coelho, 2009; Colello, 2012, 2021a e b; Silva e Colello, 2003).

O estudo de Lúcia Rego (1985) que provou a existência e a relevância da mediação fala-escrita constitui um apelo para que os educadores levem em consideração os aspectos do pensamento e da linguagem na fase que antecede a alfabetização. Na mesma linha de raciocínio, Maria Thereza Rocco (1989) aponta para a urgência de redirecionar o ensino da língua materna por meio de uma pedagogia do oral e do escrito. Charlot (2013) e Colello (2012, 2017, 2021b) chamam a atenção para a necessidade de se investir na relação do sujeito com a língua e com o conhecimento, garantindo a razão de aprender. Tais medidas requerem, por parte dos educadores, a consciência da diversidade e o respeito pelos diferentes modos de expressão.

Enquanto a linguagem tipicamente infantil (expressa pela oralidade e pela atitude corporal) for sinônimo de ignorância, dificuldade, indisciplina e rebeldia, estaremos perpetuando, dentro da própria sala de aula, a formação de "copistas" e de analfabetos funcionais que, mesmo alfabetizados, são incapazes de usar a língua escrita de modo criativo, inteligente e autêntico.

4

Alfabetização como construção cognitiva

Hipóteses na construção da escrita

O processo de construção da língua escrita é, na verdade, muito mais complexo do que supunham os educadores que, ingenuamente, insistiam em seguir um percurso linear ensinando o abecedário, as famílias silábicas e a associação de letras para a composição de palavras, sentenças e textos (métodos sintéticos) ou vice-versa, iniciando por contos, frases ou palavras para chegar às sílabas, letras e fonemas (métodos analíticos). A capacidade de ler e escrever não depende exclusivamente da habilidade do sujeito de "somar ou subtrair pedaços de escrita", mas, antes disso, de compreender como funciona a estrutura da língua e o modo como é usada em nossa sociedade.

As pesquisas de Ferreiro e Teberosky (1986) buscaram descrever e classificar as sucessivas etapas de produção da escrita, tentando compreender o motor que impulsiona esse processo de aprendizagem. Para tanto, as autoras ousaram pedir para crianças não alfabetizadas que escrevessem livremente ("do seu jeito") palavras ou pequenas frases ditadas pelas entrevistadoras e, em seguida, interpretassem suas escritas ("mostre com o dedinho onde se diz o que você escreveu"). Suas conclusões, surpreendentes e revolucionárias, apontam, entre outros aspectos cognitivos, quatro níveis evolutivos da psicogênese da língua escrita pelos quais passam as crianças, independentemente do processo de escolarização.

1   A escrita pré-silábica
É produzida por crianças que ainda não compreenderam que a língua escrita representa a fala e, portanto, não atentam para o caráter fonético do sistema. Ela pode aparecer das seguintes formas:

a) escrita unigráfica (figura l): reflete uma concepção elementar da escrita porque:
   - é mais ou menos semelhante na representação de diferentes palavras ou textos (sem diferenciação interfigural);
   - é impossível de ser analisada nos seus elementos constitutivos (letras, ou sílabas).

Contudo, essa forma de escrever demonstra que a criança compreendeu o caráter arbitrário do traçado gráfico: o desenho de um gato, por pior que seja, deve guardar alguma semelhança com o animal; o registro da palavra "gato" está livre do compromisso de fidelidade figurativa. Nesse caso, pode-se dizer que a criança descobriu a possibilidade de representar um gato buscando um recurso não icônico.

b) escrita com letras inventadas (figuras 2 e 3): como a criança não conhece as letras convencionais, ela "cria o seu próprio sistema de escrita", cujas partes não têm relação com o valor sonoro do que se pretendeu representar. Esse tipo de escrita pode aparecer com ou sem variação inter[7] ou intrafigural[8].

---

7. Diferenciação interfigural: variação de símbolos nas diferentes palavras (nesse caso, o sujeito compreendeu que diferentes palavras são escritas de diferentes modos).
8. Variação intrafigural: variação de símbolos numa mesma palavra.

c) escrita com letras convencionais, mas sem valor sonoro convencional (figuras 4, 5 e 6): pode aparecer com ou sem variação figural.

2   A *escrita silábica* (figuras 7, 8 e 9)

Representa um considerável avanço porque, nessa fase, a criança compreendeu que o sistema é uma representação da fala. Na tentativa de fazer corresponder "partes da fala" com "partes da escrita", ela faz valer uma letra para cada sílaba. Tal como a escrita pré-silábica, as variações da escrita silábica podem ocorrer pela presença de letras convencionais ou inventadas, usadas com ou sem o valor fonético convencional.

3   A *escrita silábico-alfabética* (figura 10)

É marcada por um momento de transição, no qual o indivíduo já percebeu a ineficácia do sistema silábico, mas ainda não domina o sistema alfabético. Na tentativa de acrescentar letras, ele acaba usando, numa mesma palavra, os dois critérios, podendo se aproximar mais do silábico ou do alfabético. O resultado disso é uma escrita aparentemente caótica, nem sempre inteligível.

4   A *escrita alfabética*

Quando a criança conquista esse tipo de escrita, compreendendo o valor sonoro de cada letra, ela pode ainda estar distante da escrita convencional, na medida em que não domine as regras e as particularidades do nosso sistema. Se considerarmos a ortografia, a pontuação, a acentuação, a divisão do texto em partes (palavras e parágrafos), entre tantas outras particularidades da escrita, pode haver ainda um longo e penoso caminho a ser percorrido (figura 11).

Os exemplos a seguir ilustram cada uma dessas etapas.

1. Escrita pré-silábica unigráfica:

    ∿∿∿∿∿ = MAMÃE

2. Escrita pré-silábica com letras inventadas sem diferenciação intra nem interfigural:

    エ エ エ エ エ = GATO
    エ エ エ エ エ = MAMÃE

3. Escrita pré-silábica, com letras inventadas, com diferenciação intrafigural mas sem diferenciação interfigural:

    エ ⅉ O ⊥ = GATO
    エ ⅉ O ⊥ = MAMÃE

4. Escrita pré-silábica, com letras convencionais, sem diferenciação inter nem intrafigural:

    E E E E = GATO
    E E E E = MAMÃE

5. Escrita pré-silábica, com letras convencionais, com variação intra, mas sem variação interfigural:

    R i B = GATO
    R i B = MAMÃE

6. Escrita pré-silábica com letras convencionais e variação intra e interfigural;

    BAT = GATO
    TBA = MAMÃE
    ATB = CHOCOLATE

7 Escrita silábica com letras inventadas:

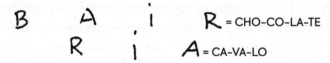
= CHO-CO-LA-TE

8 Escrita silábica com letras convencionais, mas sem o valor sonoro convencional:

B A I R = CHO-CO-LA-TE
R I A = CA-VA-LO

9 Escrita silábica com letras convencionais usadas com o seu valor sonoro:

só consoantes — B B L T
só vogais — O O E A
vogais e consoantes — B O E T

BORBOLETA

10 Escrita silábico-alfabética:

ODINOAREA GDE

O DINOSSAURO ERA GRANDE

11 Escrita alfabética com problemas específicos:

O caxoro é um a nimau domético e onsa é um bixu seuvagem

O CACHORRO É UM ANIMAL DOMÉSTICO
E A ONÇA É UM BICHO SELVAGEM

Depois das primeiras pesquisas realizadas em língua espanhola com crianças argentinas (Ferreiro, 1986a e b, 2007; Ferreiro e Teberosky, 1986), outros estudos comprovaram os mesmos níveis conceituais registrados em português de Portugal (Martins, 1994) e em português brasileiro, pela realização de inúmeros trabalhos, em especial pelas investigações de Weisz e Sanchez (2002), Ferreiro e Zen (2022) e Zen, Molinari e Soto (2024).

As sucessivas hipóteses na conquista da escrita revelam, antes de tudo, o caráter essencialmente criativo da construção do saber. Por trás de cada produção supostamente "incorreta" e aparentemente aleatória, existe uma infinidade de concepções já formadas, de critérios inteligentes e de tentativas tão fecundas que, de algum modo, promovem a evolução.

O que está em jogo é o amadurecimento da consciência metalinguística, a partir da qual o sujeito consegue não só lidar com as propriedades formais da escrita e seus critérios de variação quantitativa e qualitativa (com quantas letras ou com quais letras se escreve uma palavra), mas compreender, na prática, uma série de distinções fundamentais para aquele que se propõe a ler e escrever. Entre tantas, podemos dar como exemplo a diferenciação entre:

- sinais gráficos, letras e números;
- imagem e texto;
- fonema e grafema;
- linguagem tipicamente oral e linguagem tipicamente escrita;
- escrita e leitura;
- escrita e dialeto;
- escrita possível e escrita convencional.[9]

Além disso, a criança se envolve em outros processos cognitivos interessantes: reconhecimento das funções da escrita; estratégias de produção e de interpretação; consciência fono-

---

9. Em outro trabalho (Colello, 1990), tivemos a oportunidade de descrever e analisar cada uma das concepções mencionadas, avaliando a importância da sua conquista.

lógica; relações entre gêneros, suportes, tipos textuais e propósitos da escrita; mecanismos de revisão textual; modos de se ajustar ao interlocutor previsto; reflexões metalinguísticas sobre as convencionalidades e arbitrariedades da escrita etc. (Colello, 2014b).

A dinâmica da evolução

Evidentemente, a evolução na aprendizagem da escrita não é linear, tampouco controlável pelo ensino, passo a passo, em sala de aula (outro engano dos educadores tradicionais!). Assim, o processo cognitivo se configura como uma verdadeira teia, com muitas frentes de aprendizagem. Trata-se, conforme demonstrou Emilia Ferreiro (1986a e b; 2001a e b; 2007), de um processo de elaboração pessoal psicogeneticamente ordenado. Pessoal porque, embora possa ser estimulado, a aprendizagem depende exclusivamente do indivíduo. Psicogeneticamente ordenado porque essa aprendizagem é caracterizada por estágios cuja sucessão independe da idade da criança, mas das oportunidades de contato que ela tenha tido com a leitura e a escrita. Em outras palavras, cada passo dessa conquista depende das condições que o indivíduo tenha para testar as suas hipóteses, surpreender-se com os resultados e encontrar bons motivos para substituir suas concepções iniciais por outras mais elaboradas e próximas do sistema convencional da escrita.

No esquema a seguir, procuramos ilustrar esse "ciclo da construção do conhecimento" em geral, incluída aí a aprendizagem da língua escrita.

Assim, por exemplo, podemos descrever o caso hipotético de Rodrigo, que, partindo da concepção de que a escrita tem relação com a fala, cria a hipótese de que cada letra vale por uma sílaba (hipótese silábica). Ora, se essa hipótese fosse válida, a consequência necessária seria ver o nome de Rodrigo grafado

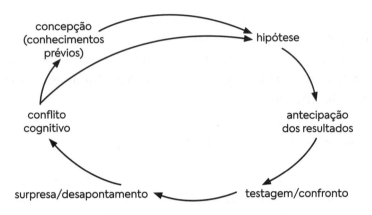

apenas com três letras, e é exatamente dessa forma que ele espera encontrá-lo.

A testagem da hipótese com base na antecipação feita pode ocorrer das mais variadas formas: de uma simples pergunta ao confronto direto com a palavra. Em qualquer caso, o resultado será uma surpresa, um espanto. A contradição entre o modo de escrever antecipado e a escrita encontrada é um indício de que "algo não vai bem", gerando um desapontamento. Mesmo assim, Rodrigo poderá resistir (dias ou meses), criando mecanismos para diluir ou negar a contradição evidente. Aliás, essa é uma tendência natural daquele que procura se agarrar à sua "teoria" de compreensão do real — como se ela fosse a única possível — e, assim, permanecer no sistema criado.

Porém, o homem está condenado a teorizar o mundo. A lógica interna das hipóteses criadas acaba por ser rompida pela inconsistência das teorizações feitas em face da realidade (no caso, a escrita convencional). Os conflitos gerados induzem a muitas questões que, a princípio, não são acessíveis à criança e com as quais ela não admite convivência passiva. A busca de novas alternativas, isto é, a tentativa de elaborar novas hipóteses ou concepções é um dos momentos mais sublimes do processo de construção do conhecimento, embora ele possa ser angustiante para o indivíduo em questão.

Regra geral, quanto mais se fizer girar o "ciclo do conhecimento" aqui exposto, maior será a proximidade entre as concepções infantis a respeito da escrita e o sistema convencional usado em nossa sociedade.

Lamentavelmente, grande parte dos professores não compreende essa trajetória e as reações ou necessidades aí envolvidas. Sendo assim, fica difícil valorizar, criar condições ou até mesmo respeitar o desenvolvimento desse processo — que, embora longo e pessoal, é indiscutivelmente muito fértil.

Do ponto de vista pedagógico, a questão fundamental é saber como estimular a evolução das concepções e a testagem das hipóteses. Muitos daqueles que se propõem a aplicar as teorias de Piaget ou de Emilia Ferreiro em sala de aula orientam as atividades para o nível em que o indivíduo se encontra, desconsiderando o seu potencial para a evolução. Na prática, o educador acaba aprisionando o aluno em propostas de trabalho muito específicas e fáceis que não necessariamente desequilibram as concepções já conquistadas.

A esse respeito, é decisiva a contribuição de Vygotski (1987). Ele provou que diferentes crianças podem resolver problemas acima da sua possibilidade de compreensão (ou estágio de conhecimento), desde que tenham uma pequena ajuda. Naturalmente, essa realização, com a mínima colaboração de um outro mais experiente hoje, prepara para o desempenho individual de amanhã, justificando um avanço nas concepções. Trata-se de uma predisposição para a aprendizagem em um determinado campo que faz a maior diferença até entre crianças que, aparentemente, estão no mesmo estágio de evolução. A "zona de desenvolvimento proximal" é exatamente a distância entre o real e o potencial, isto é, entre aquilo que a pessoa é capaz de fazer sozinha e o nível dos problemas que ela só consegue resolver com a assistência de outra.

Assim, por exemplo, duas crianças que hoje estão na fase silábica podem apresentar diferentes zonas de desenvolvimento proximais, o que justifica o modo como problematizam suas respectivas concepções e, consequentemente, os diferentes ritmos de aprendizagem.

A implicação dessa descoberta fornece aos educadores uma importante pista sobre a dinâmica do processo de conhecimento. Ela chama a atenção para a necessidade de se estimular as funções em desenvolvimento na criança, voltando a ação pedagógica para o futuro e não para o passado. As atividades desenvolvidas em sala de aula serão mais eficazes na medida em que puderem conciliar um limiar mínimo e máximo de dificuldade: devem ser suficientemente fáceis para que sejam compreendidas e suficientemente desequilibrantes para representarem um desafio. De qualquer forma, o que dá o tom no processo de aprendizagem são as experiências vividas e as oportunidades de reflexão para a resolução de problemas.

A análise da construção do conhecimento traz à tona duas perguntas que nos parecem de singular importância:

- que papel as concepções e hipóteses infantis, distantes da escrita convencional, assumem no processo de aprendizagem?
- como os diferentes estágios de evolução determinam as possibilidades do indivíduo de escrever?

A primeira pergunta nos remete à compreensão do "erro construtivo" e do seu papel no processo de aprendizagem. A segunda se refere às possibilidades do sujeito de lidar com a escrita nos diferentes estágios de compreensão a seu respeito, isto é, a escrita possível para o sujeito-aprendiz e a necessária construção da escrita convencional. Nos tópicos que se seguem, pretendemos aprofundar a compreensão dessas problematizações.

O erro construtivo no processo de alfabetização

Logo no início de sua carreira, Piaget, trabalhando com testes de inteligência, ficou intrigado ao constatar o mesmo tipo de "respostas estranhas" em crianças da mesma faixa etária, mas desconhecidas entre si. Mais surpreendente ainda foi verificar que, mesmo sem qualquer tipo de correção, essas reações desapareciam depois de determinado período, dando lugar a outros tipos de resposta que, em geral, eram mais evoluídas. Nasceu aí a tentativa de compreender a "lógica do erro" e a sua relação com a construção do conhecimento.

A conclusão que se pode tirar depois de tantos estudos é a de que, por trás dessas "respostas estranhas" apresentadas pela criança em diferentes momentos da evolução, há um esforço cognitivo a ser considerado. Mesmo que "incorretas" com relação ao padrão convencional de comportamento ou sistema, tais respostas não são aleatórias nem ignorantes. Muito pelo contrário, elas se configuram como "erros construtivos", naturais e necessários no processo de construção do conhecimento. Naturais porque ocorrem com todas as crianças; necessárias porque favorecem (pelos conflitos cognitivos gerados) a evolução do processo em questão. É nesse sentido que se pode compreender a afirmação de Piaget (1987, p. 604): "[...] do ponto de vista da invenção, um erro corrigido pode ser mais fecundo que um êxito imediato, porque a comparação da hipótese falsa e suas consequências proporciona novos conhecimentos e a comparação entre erros dá lugar a novas ideias".

Exemplos de erros construtivos podem ser encontrados nos mais diversos campos do conhecimento humano, sejam eles no plano pessoal ou na trajetória da própria humanidade. A história da ciência é repleta de passagens em que os erros foram fundamentais para as grandes descobertas.

A evidência dos erros construtivos no âmbito da aprendizagem da escrita funcionou como um forte impacto para uma escola bastante exigente nos seus parâmetros de correção. Isso porque "interpretar em termos de certo ou errado" (em relação ao modelo adulto) os esforços iniciais para compreender é negar-se a ver os processos e intenções que possibilitam a avaliação dos resultados (Ferreiro, 1986b).

Quando o professor se propõe a compreender como o aluno representa ou interpreta a escrita, ele depara com uma produção bastante criativa e de caráter endógeno. Com efeito, nenhum informante alfabetizado poderia ter ensinado a criança que "só se pode ler um texto quando ele estiver acompanhado de uma ilustração que dê subsídios à interpretação do que está escrito". No entanto, essa é uma concepção bastante comum entre as crianças não alfabetizadas.

E de onde vem essa ideia? Como muitas outras hipóteses, essa é mais uma das concepções elaboradas por "cabeças pensantes, ansiosas por compreender a realidade que as cerca", numa demonstração clara de que as crianças também criam soluções para os problemas enfrentados.

A superação dessa ou de outras "concepções errôneas" significa muito mais do que simplesmente livrar-se de um aspecto incorreto no sistema. Conforme demonstrou Piaget, as consequências disso se fazem sentir na dimensão qualitativa da construção do conhecimento, pois o indivíduo é obrigado a encarar outros possíveis no sistema, reformulando suas ideias iniciais. No caso, ao descartar a hipótese de que "só se pode ler quando o texto estiver acompanhado de imagens", o sujeito estaria conquistando uma importante noção a respeito da independência da escrita com relação ao plano figurativo e das suas possíveis relações (por exemplo, os inúmeros papéis da ilustração). Ao mesmo tempo, ele poderia se tornar mais disponível (atento) para compreender as características desse texto independentemente das imagens.

Analisados um a um, os erros infantis são sustentados por hipóteses criativas que se transformam e evoluem não pela repressão do erro (como pretendiam as tradicionais metodologias de alfabetização), mas pela compreensão da sua inconsistência no sistema, o que resulta na superação das ideias originais.

A maior parte dos erros que antes aparecia como "algo estranho" na produção ou interpretação da escrita infantil hoje pode ser interpretada como sinônimo de inteligência — no caso, de avanço no conhecimento linguístico. Inaugura-se, assim, um "novo conceito de saber", distinto dos padrões convencionais, mas igualmente merecedor do nosso respeito, sobretudo se o que queremos é formar pessoas pensantes e críticas.

Estudos recentes, como os de Colello e Luiz (2020), mostram que, assim como as crianças formulam hipóteses para compreender o sistema da escrita, elas também se empenham em compreender o papel da escrita no nosso mundo e a diversidade de manifestações que circulam na nossa sociedade. Da mesma forma, partem de "concepções estranhas", com lógica própria e inviáveis para a situação, e evoluem progressivamente para hipóteses cada vez mais próximas do convencional.

O possível e o necessário na construção da língua escrita

A compreensão da língua escrita depende da construção de um sistema convencional (relativamente estável) regido por necessidades, possibilidades e impossibilidades, conforme nos explica Macedo (1991, p. 46):

> Alfabetizar-se é construir um sistema graças ao qual podem-se combinar letras de diferentes modos, produzindo sílabas, palavras, sentenças ou períodos. Esse sistema é composto por estruturas de relações semânticas, sintáticas, morfológicas, graças às

quais pode-se construir um real simbólico socialmente compartilhável, por um jogo de correspondências e transformações no nível de seus significantes e significados. Trata-se de um real porque nele vivem juntos objetos (letras, palavras, frases etc.) dispostos em um espaço (da palavra com relação às letras, da frase com relação às palavras, do período com relação às frases etc.) cujas relações determinam um jogo de transformações (causalidade) temporalmente determinadas. Real este que [...] organiza-se segundo as modalidades do possível, necessário e contingencial.

Alfabetizar-se é, também, construir um sistema de impossibilidades de combinações (exclusões) no espaço e no tempo, entre letras, palavras ou frases, e estas impossibilidades geram contradições. Em outros termos, deve-se saber o que precisa ser excluído, o que não pode ser feito por oposição ao que precisa sê-lo.

É preciso considerar que os "ingredientes básicos" para a construção da língua escrita estão disponíveis (embora em quantidade e qualidade variáveis) no meio ou nas múltiplas experiências dos indivíduos com os outros ou com as coisas. Para a criança, o grande desafio é fazer das informações difusas peças significativas na consideração das suas hipóteses. Cada um aproveita as informações do contexto de acordo com os seus recursos cognitivos. Sendo assim, as necessidades, possibilidades e impossibilidades do sistema convencional não são dados imediatos para aquele que se alfabetiza: durante um longo período, o sujeito terá de enfrentar os *seus* possíveis e necessários, de acordo com os sistemas criados, particulares e provisórios.

Por um lado, as possibilidades e necessidades do sistema convencional são vividos em diferentes níveis (e com diferentes intensidades) pelas crianças; por outro, os sistemas por elas inventados têm as próprias necessidades e possibilidades, muitas vezes estranhas ao sistema socialmente compartilhado. No jogo da construção da escrita, os dados convencionais (aquilo que os professores consideravam correto) tornam-se mais ou menos significativos (possíveis), relevantes ou indispensáveis (necessários), ou até contraditórios (impossíveis) à medida que se chocam com imposições de caráter puramente pessoal.

Em outras palavras, podemos dizer que, ao passo que se aproxima do objeto cognoscível, a criança pode estar o tempo todo enfrentando o mesmo objeto, no caso, a escrita, embora a sua significação seja passível de diferentes interpretações ao longo do caminho. A consideração das possibilidades e necessidades no ato da escrita (isto é, na produção ou na interpretação) revela, antes de tudo, o modo como o indivíduo opera com esse objeto de conhecimento.

Abrir mão do seu ponto de vista, isto é, das suas concepções e hipóteses, buscar novas formas de escrever ou de resolver contradições geradas pelos sistemas provisórios de escrita e admitir outras possibilidades de operar com o sistema são meios de se aproximar da forma convencional de escrita — portanto, meios de evoluir.

Para ilustrar essa ideia e aprofundar a compreensão do tema, valemo-nos de um experimento realizado com duas crianças numa situação de jogo, cuja análise nos parece bastante pertinente.

O jogo

Uma versão antiga do jogo "Palavra secreta", da Grow[10] consistia em descobrir uma palavra escolhida por um dos jogadores (no caso, o experimentador) mediante a descoberta das letras que a compunham. Para fins do experimento, ignoramos a regra

---

10. Idêntico ao tradicional "jogo da forca", mas com a vantagem de ter ilustrações, peças e tabuleiro mais adequados ao público infantil (letras de papelão, suporte para a colocação da palavra, marcação clara e sugestiva das chances do jogador).

de que a primeira e a última letra da palavra devem ficar à mostra. Cada tentativa (ou lance) é feita pela escolha de uma letra (e não de uma palavra, embora a suposição de palavras possa orientar a opção por determinadas letras). Quando o lance é correto, o primeiro jogador é obrigado a revelar a posição que a letra ocupa na palavra oculta. Em caso de letras repetidas, todas as posições devem ser igualmente reveladas.

Nas duas extremidades do tabuleiro, existem palhaços: o da esquerda está lançando uma torta na direção do palhaço da direita. As oito chances de o segundo jogador (a criança) acertar a palavra secreta são ilustradas pela trajetória da torta. A cada lance incorreto, a torta se aproxima uma casa em direção à sua "vítima". Caso o jogador não descubra a palavra, esgotando as chances, o palhaço da direita é atingido pela torta, o que significa que ele (o segundo jogador) perdeu o jogo.

A experiência realizada: análise do desafio

A experiência foi simultaneamente realizada com dois grupos de crianças de diferentes faixas etárias e também com diferentes concepções a respeito da língua escrita: o grupo de 5 anos — ainda não alfabetizado, predominando as hipóteses pré-silábicas — e o grupo de 7 anos — todos recém-alfabetizados. Para todas as crianças, usamos a mesma palavra secreta: "camelo".

Como o objetivo não era comparar os grupos, pinçamos em cada um deles um exemplo que nos pareceu particularmente representativo e esclarecedor no que diz respeito à relação entre o conhecimento linguístico e as estratégias para resolver o problema (descobrir a palavra secreta).

Nossa meta era a de compreender que necessidades e possibilidades as crianças enfrentam diante de um jogo de palavras, no qual, naturalmente, o conhecimento que se tem a respeito da escrita interfere no desempenho do indivíduo. Partimos da hipótese de que quanto mais se conhece a respeito do sistema de escrita, maior a chance de descobrir a palavra secreta, porque o indivíduo pode lançar mão de diferentes estratégias que "orientam" os lances feitos, diminuindo, assim, as possibilidades, que tendem a ser mais numerosas para o indivíduo com menor conhecimento da língua escrita.

O que o jogo oferece como dado inicial é a estrutura de uma palavra desconhecida, constituída por seis segmentos. Descobrir quais são as letras que devem ocupar os espaços vazios é dar conteúdo a uma forma que, num primeiro momento, só pode ser intuída nos seus limites ou na sua configuração no espaço.

Usando as informações de que dispõe, o jogador deve abstrair as letras do alfabeto e organizá-las em uma palavra, isto é, em um outro plano significativo de acordo com as regras do jogo. Quando o indivíduo transfere os mecanismos de uma ação conhecida (por exemplo, escrever) para outra desconhecida (lidar com a descoberta da palavra no jogo), acaba por generalizar um procedimento pela construção de uma fórmula que resolve (pelo menos a princípio) o problema em questão.

Em síntese, trata-se de um desafio objetal (descobrir uma palavra a partir da construção de procedimentos assimiláveis e compatíveis com as regras propostas), que exige do sujeito um esforço de reflexão — abstração e generalização — com base no próprio conhecimento.

Na busca de solução, dois sistemas cognitivos parecem estar particularmente envolvidos: por um lado, é preciso compreender a situação proposta, relacionando-a com algo já conhecido; por outro lado, cumpre estabelecer as estratégias capazes de alcançar a resposta correta. Esses sistemas correspondem às dimensões do problema que tem de ser resolvido teórica e praticamente.

No plano teórico, o jogador deve entender o desafio em questão usando seu conhecimento a respeito da língua escrita: conceito de letra e de palavra, nome das letras, valor fonético de cada uma delas, ortografia de determinadas palavras etc. O que está em jogo são os esquemas prestativos[11] e operatórios[12], que atuam como um sistema organizador e estruturante.

No plano prático, é preciso alcançar o êxito, encontrando meios eficazes para acertar os lances, confirmar as hipóteses feitas e tirar partido dos erros cometidos. No jogo da palavra secreta, tal como na construção da escrita, o erro é uma forma de conduzir ao acerto, desde que o indivíduo tenha condições de lidar com ele.

Na busca de procedimentos cada vez mais ajustados, a criança deve reunir "esquemas procedurais e operatórios"[13] que nunca atingem um equilíbrio definitivo. Em oposição à compreensão, que pode alcançar uma forma estável, as alternativas de procedimento ficam em aberto, já que sempre é possível encontrar novas formas para resolver o problema. Essa constatação é, aliás, compatível com o modo como Piaget concebe o processo de criação, nunca predeterminado. De qualquer forma, o jogo, entendido na sua dimensão criativa, pressupõe formas complementares e indissociáveis de ação e compreensão porque, independentemente da gama de procedimentos disponíveis (dimensão prática), o jogador sempre subordina suas ações aos limites de como ele percebe o desafio (dimensão teórica), isto é, àquilo que, para ele, configura-se como possível e necessário.

Descobrir a palavra certa é, então, um desafio que se coloca em diferentes níveis, conforme a compreensão que o jogador tenha do sistema da escrita e das possibilidades de ação por ele admitidas.

---

11. Esquemas prestativos: atitudes que se repetem porque o sujeito reconhece aspectos invariantes no contexto.
12. Esquemas operatórios: capacidade de coordenar diferentes pontos de vista em função do problema.
13. Procedimentos que se repetem porque o sujeito se tornou capaz de reconhecer os elementos básicos, abstraídos de um contexto específico (no caso, as letras) e, além disso, consegue compreender o "como fazer" na situação dada.

As estratégias de Bruno

Bruno tem 5 anos recém-completados e já conhece a maioria das letras. Nas suas tentativas de escrever, ele as usa espontaneamente, fazendo uma análise pré-silábica. A despeito disso, sabe escrever corretamente o próprio nome — que, para ele, é uma palavra estável.

O jogo foi proposto e realizado em sua classe, onde estavam afixadas todas as letras do alfabeto na ordem convencional. Ignorando completamente as letras de papelão do jogo, Bruno usou as letras da sala de aula como referência para as tentativas feitas, respeitando rigorosamente a ordem da esquerda para a direita (A, B, C, D etc.). Essa estratégia vigorou até que as oito chances fossem esgotadas, sem que o menino levasse em consideração os erros, os acertos e o que se podia ver no conjunto da palavra proposta. Para facilitar a compreensão da evolução de jogo feita por Bruno, propomos o quadro que se segue:

PALAVRA OCULTA: C A M E L O	
Lances	Resultados
1º) letra A	_ A _ _ _ _
2º) letra B	1º erro
3º) letra C	C A _ _ _ _
4º) letra D	2º erro
5º) letra E	C A _ E _ _
6º) letra F	3º erro
7º) letra G	4º erro
8º) letra H	5º erro
9º) letra I	6º erro
10º) letra J	7º erro
11º) letra L	C A _ E L _
12º) letra M	C A M E L _
13º) letra N	8º erro

Experimentador: — O palhaço acertou a torta na cara do outro!
Bruno: — É porque esse jogo está errado!
Experimentador: — Por quê?
Bruno: — Porque existem mais letras... não deu para falar todas as letras (referência ao abecedário).
Experimentador: — Como é que você acha que esse jogo deveria ser jogado? Como seria o "certo"?
Bruno: — Tinha que ter uma chance para cada letra das que estão ali (apontando para o abecedário afixado na parede).
Experimentador (mostrando a impossibilidade de modificar o jogo de papelão em que as oito chances estão bem demarcadas): — Mas você não é capaz de inventar outro modo de jogar esse jogo?
Bruno: — Só se for começando pela última letra (faz um movimento da direita para a esquerda, propondo a inversão do sentido na leitura do abecedário, mas não uma efetiva mudança de estratégia).

Escolhida outra palavra "cabelo", o menino foi estimulado a "testar o novo jeito". Bruno joga, dando, pela ordem, os seguintes lances: Z, X, V, U, T, S, R, Q. Todas as tentativas fracassam. Bruno volta a perder o jogo, visivelmente perturbado:

Bruno: — É, assim não dá mesmo... O jogo está errado!
Experimentador: — Será que não tem outro jeito?
Bruno: — Não, porque se só tem essas chances (apontando para os oito quadradinhos que as representam), nunca vai dar para falar todas as letras.
Experimentador: — E se eu fosse lendo para você as letras que você acerta?
Bruno: — Assim também não dá, porque quando não tem todas as letras, não dá para ler... fica sempre faltando letra, e aí não dá.
Experimentador: — Você acha que um adulto (que soubesse ler e escrever) conseguiria acertar a palavra que eu tinha escolhido tendo essas mesmas chances?
Bruno: — Só se ele fosse adivinho!

As estratégias de Carolina

Carolina tem 7 anos e 2 meses. Foi alfabetizada este ano e, atualmente, é capaz de escrever espontaneamente usando o sistema alfabético, embora com diversos erros de ortografia. Ela parece muito feliz com essa nova conquista, encarando com bastante interesse todas as atividades relativas à escrita. Foi com essa disposição que ela assumiu o desafio do jogo proposto, seguindo os seguintes passos:[14]

Palavra oculta: C A M E L O
1º) Primeiro lance: letra C — "é a letra do meu nome".
Resultado: C _ _ _ _ _
2º) Segundo lance: letra A — "tem muitas palavras com A".
Resultado: C A _ _ _ _
3º) Tentou a palavra "caminhão", conferindo os espaços e descartando logo em seguida — "porque não cabe".
4º) Tentou a palavra "caroço", conferindo os espaços e descartando logo em seguida — "porque não cabe". Ao final do jogo, o experimentador pediu para que ela escrevesse essa palavra que foi grafada "carosso".
5º) Supondo "cavalo", fez o terceiro lance: letra O. Resultado: C A _ _ _ O
6º) Supondo "cavalo", fez o quarto lance: letra V. Resultado: primeiro erro.
7º) Supondo "catarro", fez o quinto lance: letra R.
Resultado: segundo erro. No final do jogo, a menina grafou essa palavra com um R: "cataro".

---

14. Observe que os passos nem sempre correspondem a tentativas feitas; alguns são formas de raciocínio pessoal, que puderam ser registrados porque a menina expressava oralmente as suas hipóteses.

8º) Supondo "casaco", fez um lance (letra A) que não foi considerado, pois infringe as regras do jogo (em caso de palavras com letras repetidas, elas devem ser todas reveladas). Uma vez lembrada a regra, a menina logo percebeu a impossibilidade do lance feito.
9º) Supondo "cabelo", fez o sexto lance: letra L.
Resultado: C A _ _ L O
10º) Supondo "cabelo", fez o sétimo lance: letra E.
Resultado: C A _ E L O
11º) Supondo "cabelo", fez o oitavo lance, já "comemorando a vitória": letra B.
Resultado: terceiro erro.
12º) Bastante desconcertada, Carolina ainda buscou encontrar uma palavra que pudesse se encaixar no jogo. Tentou "castelo" que foi logo descartado — "não cabe".

Estimulada a pensar em outro modo de resolver o problema, Carolina mudou de estratégia, tentando por eliminatória encaixar cada uma das letras do alfabeto:
— A não dá...; B: CABELO... Você falou que não tem B; C: ficaria CACELO, não dá; D: "CADELO" pode ser o marido da cadela?
Descartando cada uma das letras, Carolina chegou à letra M e acabou resolvendo o jogo.

Análise comparativa

Os desempenhos de Bruno e Carolina só podem ser compreendidos se considerarmos os diferentes pontos de partida que subsidiaram as estratégias utilizadas. No processo de aproximação da palavra desconhecida, Bruno só pôde contar com o conhecimento de letras, enquanto Carolina tinha ao seu dispor o domínio do sistema da escrita.

Tão poucos são os recursos do menino em face da tarefa proposta que ele só pôde compreender a ação do jogador como "adivinhação de letras". Suas estratégias ficam centradas em um único procedimento, que privilegia a ordem convencional do alfabeto e só leva em consideração dois pontos de vista: as letras afixadas na parede e a forma da palavra oculta (dada pelos seis segmentos em branco). Colocar as letras certas nos espaços vazios é o reflexo de um raciocínio estruturalista que pretende preencher uma determinada forma (os espaços em branco) com um conteúdo (as letras do sistema alfabético), sem se importar com a ordem ou o som (valor fonético) das letras já descobertas na palavra oculta. Esse procedimento é, aliás, compatível com a sua concepção de que uma palavra parcialmente escrita não pode ser lida. A própria abstração das letras do abecedário fica comprometida porque, em suas estratégias, Bruno não admite um desligamento da letra com relação à ordem alfabética. Para ele, parece certo que essa ordem deva ser respeitada (da esquerda para a direita ou vice-versa).

Carolina concebe um modo diverso de relacionar forma e conteúdo no âmbito do jogo. Como já compreendeu a dimensão semântica da língua escrita (as palavras têm significado), ela não busca letras quaisquer: na maior parte das tentativas, pretende encontrar palavras conhecidas. Para a menina, pensar no conteúdo significativo (a palavra) é um meio de se aproximar da forma desconhecida (sequência correta de letras na palavra oculta). Nesse sentido, conhecer o funcionamento da escrita representa um grande trunfo, porque isso tornou possível coordenar muitos pontos de vista dentro do sistema: letras do alfabeto, letras mais frequentes na língua portuguesa, posição e ordem das letras já descobertas, número de letras da palavra oculta e das "palavras-hipótese".

Ao contrário de Bruno, que lida com o jogo de modo estruturalista, Carolina evidencia o seu raciocínio levando em conta informações parciais sobre a palavra a ser descoberta e a preocupação com o conteúdo.

Os possíveis e impossíveis na palavra secreta

Piaget (1985, 1987) demonstrou que crianças menores tendem a permanecer fixadas nos seus procedimentos, enquanto as mais velhas são capazes de considerar outras formas de fazer a mesma tarefa quando os procedimentos iniciais tornam-se inoperantes. Na epistemologia construtivista, a abertura para novos possíveis, constatada até mesmo em situações limitadas (como é o caso do jogo "Palavra secreta"), implica uma desconstrução pela qual o sujeito é motivado a criar alternativas que antes só existiam em um estado virtual. É nesse sentido que operar com diferentes possibilidades proporciona uma abertura no sistema em questão. Na concepção piagetiana, a consideração de um "novo possível" é um ato de criação (no nível da estratégia ou do que é compreendido) impossível de ser predeterminado ou delimitado, já que cada descoberta tem um potencial multiplicador, trazendo novas chances de criação.

Embora a diferença de idade de Bruno e Carolina seja pequena, a tendência apontada por Piaget foi constatada também em nosso experimento. Na comparação dos dois casos, o que se torna evidente é a confirmação da hipótese anteriormente formulada: a criança com maior compreensão do sistema de escrita (Carolina) tem mais abertura para considerar os procedimentos e as estratégias possíveis para resolver o problema.

Diante da "contradição" (menos espaços em branco do que letras no alfabeto), Bruno prefere culpar o jogo ao invés de abrir mão do seu modo de compreender e enfrentar a tarefa proposta. Sua alternativa para a estratégia inicial não muda em essência (não completa nem corrige) o que já havia sido feito.

O contrário ocorreu com Carolina. A crença na possibilidade de êxito e as regulações feitas serviram para corrigir e completar as estratégias iniciais, permitindo que a menina criasse novos procedimentos e obtivesse êxito. São três as estratégias utilizadas por ela:

- lances livres de letras, embora sustentados por critérios mais ou menos pertinentes (C porque é a letra do seu nome; A porque existem muitas palavras com A);
- lances de letras a partir da suposição de palavras possíveis;
- eliminatória pelo abecedário, na busca de uma palavra significativa e compatível com o que já havia sido descoberto.

Mesmo tendo em vista essa diferença fundamental no desempenho dos dois jogadores, importa considerar os tipos de possibilidades (e impossibilidades) por eles admitidos.

Bruno opera essencialmente a partir de *possíveis hipotéticos*, considerando cada letra do alfabeto uma possibilidade. Nesse caso, como a criança não conhece (suficientemente) o sistema da escrita ou a palavra oculta, ela realiza ensaios e erros na busca de solução. Mas esse procedimento não é uma prerrogativa de Bruno. No primeiro passo para a descoberta da palavra, não tendo qualquer pista a seu respeito, Carolina também opera por ensaio e erro, fazendo um lance possível (letra C), a partir de um critério subjetivo ("é a letra do meu nome").

O segundo passo de Carolina caracteriza-se como um *possível atualizável* porque ela usa como referência informações sobre a língua, numa espécie de intuição que justifica o lance feito. A experiência com a língua escrita funcionou, nesse caso, como um critério de seleção para que ela considerasse um possível mais provável: como "tem muitas palavras com A", A é um lance mais provável entre as outras letras possíveis.

Embora os procedimentos anteriores tenham sido exitosos, Carolina, na maior parte das vezes, prefere pautar os seus lances a partir de *possíveis dedutíveis*, isto é, retirados de palavras-hipótese. Assim, para quem escreve CATARO (ao invés de "catarro"), essa palavra é possível no contexto da situação proposta porque, em primeiro lugar, tem seis letras e, em segundo, começa e termina com as letras já descobertas (C A_ _ _ O).

Assim, o lance deduzido dessa palavra-hipótese (letra R) parece perfeitamente sustentado, embora, na prática, ele tenha se consubstanciado como um "erro construtivo", permitindo que a menina descartasse a sua hipótese, isto é, a palavra CATARO.

Tal como o procedimento anterior, esse é um meio de buscar possíveis mais prováveis, mais dirigidos e, assim, reduzir o leque de possibilidades demasiadamente amplo. Ambas as considerações de Carolina (o atualizável e o dedutível) procuram resolver um problema (mais letras possíveis do que chances) que, na concepção de Bruno, é insolúvel. Obviamente, esse limite na ação do garoto é compreensível, tendo em vista o reduzido conhecimento e a sua vivência da língua escrita. Diga-se de passagem que ele só concebe os lances pela ordem alfabética (do começo para o fim ou do fim para o começo) porque é assim que a sua professora "recita" o abecedário todos os dias. Para o garoto, essa é uma ordem impossível de ser quebrada.

Em oposição aos possíveis, a constatação do impossível impede a ação — que, no caso, é a dar um lance ou buscar uma nova forma de lidar com o jogo. Mas nem por isso o impossível deixa de ter significado no conjunto da experiência (ou da construção do conhecimento).

Descartar uma hipótese pela correta constatação da sua impossibilidade pode ter, pelo lado negativo, o mérito de fazer conhecer aquilo que não é e, consequentemente, aproximar o indivíduo da resposta correta (na medida em que ele possa se livrar de opções antes consideradas possíveis e admitir a necessidade de buscar outros caminhos). Por outro lado, insistir numa *pseudoimpossibilidade* (considerada, erroneamente, impossível), pode impedir a abertura de novos possíveis. Foi o que ocorreu com Bruno, que, fixado em duas pseudoimpossibilidades (não dá para ler pedaços de palavras nem fazer lances fora da ordem alfabética), ficou impedido de encontrar outras alternativas para resolver o problema proposto pelo jogo.

Em Carolina, a *pseudoimpossibilidade* é reflexo de outro estágio de conhecimento e, naturalmente, outro tipo de dificuldade: a ortografia das palavras. A palavra "caroço" seria, naquele estágio do jogo (4º passo), uma hipótese possível (tem seis letras e começa com CA) se Carolina não concebesse a sua ortografia como "carosso". Ao infringir uma convenção da língua escrita, a palavra ficou com sete letras, o que, no contexto do jogo, foi interpretado como uma *impossibilidade física*, tal como nas tentativas de "caminhão" e "castelo". Estes, no entanto, foram avaliados corretamente: hipóteses impossíveis porque, tendo mais de seis letras, não poderiam ocupar o espaço da palavra secreta. Em outro momento (8º passo), Carolina defrontou-se novamente com esse tipo de impossibilidade. Dessa vez, as próprias regras do jogo proibiam que outro A (relativo a CASACO) ocupasse o espaço vazio no meio da palavra secreta.

Por último, devemos considerar a *impossibilidade lógica*, que segundo Piaget corresponde à negação de uma necessidade. Para Carolina, isso se configura como "não é necessário pensar em palavras sem sentido", tais como CACELO ou CADELO (penúltima tentativa). Por trás da impossibilidade verdadeira, há a descoberta de uma necessidade: o jogo só tem razão de ser se o desafio for o de encontrar uma palavra significativa.

O necessário e o contingencial na palavra secreta

Analisar o conceito de necessidade é sempre complexo, pois sob essa ideia há diferentes dimensões: necessidade como causalidade, como consequência de regra e implicação ou como desdobramento de leis físicas, morais e normativas. No plano cognitivo, a necessidade é aquilo que evita contradição. Assim, ela se define como o inevitável de cada situação, funcionando como um princípio integrador do sistema.

Na ação do homem que constrói a realidade, o que é necessário em determinado momento, em dado sistema (ou de um ponto de vista particular) pode não ser em outro. Carolina operava buscando palavras-hipótese, consideradas necessárias para a indicação de letras. Na etapa seguinte, a menina deixa de pensar em palavras e volta a considerar as letras, na busca da resposta correta. Quando as estratégias mudam, modificam-se também as necessidades exigidas na ação do sujeito. Desse modo, o desenvolvimento da necessidade só pode ser compreendido em um estreito paralelismo com os possíveis, conforme nos explica Piaget (1985):

> De modo geral, uma nova necessidade somente se impõe após ter sido tornada possível pelos estados anteriores, e ela produz, por sua vez, novas possibilidades. Reciprocamente, a abertura sobre novos possíveis efetua-se em um quadro de necessidades anteriores (visto que toda acomodação é a de um esquema de assimilação) e ela conduz à constituição de necessidades ulteriores.
>
> Essas alternâncias, que são realmente as das contínuas sucessões entre aberturas e fechamentos, resultam da lei geral do equilíbrio entre as diferenciações e as integrações e exprimem um dos aspectos do caráter essencialmente temporal das construções cognitivas.

Se o possível representa a abertura no sistema, o necessário é o que dá estrutura, integrando-se pela razão e fazendo-se indispensável. No contexto do jogo, ele se torna de tal forma imperativo que não precisa ser justificado verbalmente. Por esse motivo, o necessário aparece de modo indireto, na forma de princípios aceitos e indiscutíveis:

- é necessário preencher as seis lacunas para se chegar à resposta final;

- é necessário preencher as lacunas com letras convencionais;
- é necessário encontrar uma palavra significativa com seis letras.

Tanto os passos de Bruno como os de Carolina propõem estratégias que respeitam os limites dessas necessidades. Em um esforço para conciliar as necessidades do sistema e a conquista do êxito sem gerar contradição, Carolina chega a forçar um significado por ela intuído: "Cadelo pode ser o marido da cadela?".

Eventualmente, as necessidades determinadas pelo jogo podem ser confundidas com pseudonecessidades, como no procedimento de Bruno, que considera as letras apenas em ordem alfabética (do começo para o fim ou do fim para o começo).

Tal como a necessidade, as contingências não são diretamente consideradas pelos jogadores porque não estão implicadas nos procedimentos em busca do êxito. As contingências da realidade representam a ideia de que as ações só acontecem se estiverem configurados determinados particulares do lugar e da circunstância. Embora, num primeiro momento, o tabuleiro (a marcação, os palhacinhos, o colorido das peças) possa ter contribuído para a motivação e a compreensão das crianças, ele apenas se configura como uma moldura da vivência em questão.

Algumas implicações pedagógicas

Tendo compreendido o processo de alfabetização como construção cognitiva, cumpre defender (uma vez mais) uma pedagogia orientada para as regulações feitas pelo sujeito que aprende. Sejam elas consequência do erro construtivo ou da abertura para novos possíveis, importa considerar a aprendizagem como uma constante e ininterrupta reestruturação da realidade. Tal como um jogo (ou qualquer outro desafio intelectual), a conquista da língua escrita se desenvolve nos domínios do possível e necessário, que, articulados num único processo, determinam não apenas o modo como o indivíduo opera com o sistema em cada estágio da evolução, mas também as suas perspectivas de avanço (zona de desenvolvimento proximal).

Assim como não há um único caminho possível e previsível para a alfabetização, não há como predeterminar esse processo, que é essencialmente criativo. Ao professor alfabetizador cabe o papel de trazer para a sala de aula experiências ou situações-problema desestabilizadoras, que possam:

- oportunizar o "ciclo do conhecimento" pela testagem das hipóteses ou concepções infantis, promovendo sempre a abertura de novos possíveis e o fechamento dos necessários;
- equilibrar o nível de dificuldade das atividades propostas com base no que o aluno já conquistou;
- aproveitar o erro cometido pela criança como oportunidade pedagógica para a evolução do conhecimento;
- garantir, ao longo desse processo, condições para a descoberta e para a estreita vinculação entre o fazer e o compreender.

Ao compreender como as crianças pensam e como constroem seu conhecimento, os professores assumem o desafio de ajustar o ensino (experiências promovidas) aos processos de aprendizagem. Para isso, devem colocar o aluno (e não o livro didático ou o método de alfabetização) no centro da aprendizagem, valendo-se do protagonismo dele para a construção do conhecimento. Se compararmos essa linha de conduta com o ensino tradicional, que lamentavelmente ainda prevalece em nossas escolas, veremos que se trata de uma verdadeira revolução pedagógica (Colello, 2012, 2017, 2021b; Colello e Lucas, 2017; Siqueira e Colello, 2023; Guilherme, 2024; Parra, 2024; Weisz e Sanchez, 2002).

5

Currículo oculto e letramento emergente

Para a maior parte dos professores, é sempre muito difícil compreender as diferenças individuais que determinam o sucesso ou o fracasso escolar. Neste capítulo, defenderemos a ideia de que a heterogeneidade nos processos de aprendizagem, sobretudo na aquisição da língua escrita, é, em grande parte, resultado de um conjunto de experiências que ultrapassam, em tempo e lugar, o que é formalmente organizado pela escola.

Nos discursos educacionais, o termo "currículo oculto" vem sendo utilizado, desde meados do século passado, para denominar um certo estado resultante das condições de vida e das experiências da criança na sua relação com as práticas sociais e com o saber. Em função dele, fica evidente que os alunos entram na escola com diferentes bagagens culturais, o que justifica as diferenças no desempenho estudantil e nos ritmos de aprendizagem, deixando evidente os mecanismos de exclusão escolar. É o que nos explica Gallart (2004, p. 43-44):

> Os meninos e as meninas de famílias acadêmicas têm em casa recursos educacionais similares aos das aulas, tais como livros, cadernos, computadores, conversas acadêmicas, vocabulário e moti-

vação por temas e conhecimentos próprios da escola. Assim, têm mais facilidade para aprender.

Não obstante, já que a maioria das pessoas adultas não possui titulação universitária, a maioria dos meninos e das meninas pertence a famílias não acadêmicas, que fazem parte de um contexto cultural diferente do [...] escolar, e os recursos educacionais de que dispõem em casa não são do mesmo tipo que os encontrados na aula. Portanto, têm menos facilidades. Os meninos e as meninas dessas famílias estão em perigo de serem excluídos da sociedade da informação, porque não terão as habilidades que se priorizam na escola.

Na mesma linha de abordagem, mas mais diretamente relacionado à aprendizagem da língua escrita, o conceito de "letramento emergente" teve origem nos estudos sobre o letramento desenvolvidos a partir da década de 1990. Para alguns autores, como Semeghini-Siqueira (2011, p. 155), trata-se do conjunto de "vivências de cada criança com interlocutores letrados na família, dos contatos com diversas mídias e das oportunidades de exposição aos diferentes suportes e usos da língua escrita na escola". Outros, como Purcell-Gates (2004) e Mowat (1999), preferem ressaltar a qualidade e o impacto dessas vivências sobre os sujeitos, a ponto de transparecerem em suas concepções e comportamentos. Assim, o letramento emergente, com maior ou menor intensidade, pode ser entendido como o produto de um longo processo social e cognitivo que se inicia antes do ingresso na escola.

Seja pelo "currículo oculto", seja pelo "letramento emergente", parece certo que as vivências pré-escolares de leitura e escrita, ainda que informais e distintas do ensino tipicamente escolar, proporcionam a descoberta da língua escrita pela criança, favorecendo o sucesso escolar. É bem verdade que as informações implícitas sobre o sistema e a familiaridade com as situações cotidianas de ler e escrever não garantem a alfabetização propriamente dita; porém, as vivências em diversas modalidades da escrita, em diferentes gêneros e suportes materiais e a percepção de suas funções e características aprofundam a imersão da criança no universo letrado antes mesmo do seu conhecimento formal sobre as letras ou sobre o funcionamento do sistema alfabético. Assim, podemos afirmar como Goodman (1987, p. 87), "[...] que os princípios funcionais [da língua escrita] crescem e se desenvolvem à medida que a criança usa a escrita e vê a escrita que outros usam na vida diária e observa os significados dos eventos de "lectoescrita" dos quais participa".

Para muitos autores (Colello, 2010, 2012, 2021b; Ferreiro, 1986a, b e c; Ferreiro e Palacio, 1987; Ferreiro e Teberosky, 1986; Goulart, Gontijo e Ferreira, 2017; Kleiman, 1995; Leite, 2001; Mortatti, 2004; Ribeiro, 2003; Rojo, 2009; Smolka, 2008; Soares, 1995, 1998, 2020), esse conhecimento, construído na prática, favorece o processo de alfabetização, justamente porque possibilita o emprego de uma série de estratégias na tentativa de produzir ou interpretar um texto. Com base nas antecipações feitas sobre o que está escrito e como se pode ler, a criança tem a oportunidade de buscar, no texto, a confirmação de suas hipóteses iniciais — ou, ainda, as bases para a construção de novas concepções. Calcada nas experiências no mundo letrado, ela descobre (o que muitos professores não enfatizam em suas práticas de ensino) que tanto a leitura como a escrita são portadoras de ideias, e não exercícios de pura decodificação e codificação.

Com efeito, a garantia do significado na e da escrita parece ser o fator preditivo para a alfabetização e para o êxito escolar de certas crianças. Ao perceber o potencial comunicativo das palavras traçadas ou impressas no papel, ao se encantar com histórias e fábulas, ao vislumbrar o potencial das práticas letradas, elas têm maiores possibilidades de se apropriar das situações de uso da língua escrita dentro e fora da sala de aula.

A vantagem desses sujeitos sobre a grande maioria das crianças brasileiras (aquelas que vivem à margem do mundo da escrita) se explica, em primeiro lugar, porque eles se tornaram capazes de compreender os objetivos do ensino (e até mesmo as exigências da professora); em segundo, porque o interesse pela escrita como objeto de comunicação amplia a disponibilidade para aprender; e, finalmente, porque essa descoberta os coloca em condições de assumir o controle do processo de construção do seu conhecimento, para o qual toda conquista têm significado.

Práticas típicas da classe média e alta, tais como ler, ouvir ou escrever histórias infantis, cartas de (ou para) familiares distantes, circular nas redes sociais ou entre os diferentes conteúdos da internet favorecem a descoberta das funções da língua escrita, bem como o livre trânsito entre diferentes gêneros textuais.

Embora do ponto de vista teórico seja difícil separar completamente a fala da escrita, a criança exposta a esses dois tipos de discurso percebe, antes mesmo do ingresso na escola, a diferença entre eles e tenta lidar com as suas peculiaridades, num longo processo cognitivo.

Isso se torna evidente no estudo de caso apresentado por Rego (1985), no qual a pequena Fabiana, convivendo com diferentes usos da língua escrita, compreendeu a variação das suas diversas modalidades, distinguindo-as do discurso oral. A prática de "escrever"[15] cartas, entre 4 e 7 anos de idade, permitiu que Fabiana vivenciasse um tipo especial de interlocução, na qual a língua escrita foi o instrumento de expressão dos sentimentos e de comunicação viável entre pessoas distantes. Na "leitura" e "escrita" de histórias, a menina foi conquistando um admirável

---

15. "Leitura" ou "escrita" não no sentido convencional; trata-se, no caso, de tentativas de leitura ou de escrita (o que, do nosso ponto de vista, já deve ser considerado como tal) ou de leitura e escrita feitas por terceiros, visto que a criança ainda não era alfabetizada.

comando dos recursos linguísticos. A familiaridade com a língua escrita, que inicialmente apenas garantia a compreensão dos livrinhos lidos pela mãe, chega ao ponto de transparecer nas criações orais de Fabiana, que, em suas histórias (fingindo ler um texto ou ditando algo para ser escrito), mostrou-se capaz de esboçar uma macroestrutura do enredo, de garantir a coesão do texto e de chegar a construções formais próprias da língua escrita — como o uso de pronomes oblíquos, orações subordinadas, inversão do adjetivo ("amado Deus"); o uso de tempos verbais no infinitivo ("vivia a caminhar"); as construções que obedecem às convenções típicas do registro de histórias ("era uma vez", "disse a abelha"); o uso de frases indefinidas para a introdução de informações novas ("uma folha estava machucada") e de frases definidas para se referir a dados já mencionados ("a folhinha chorou").

Paralelamente, em outras tentativas de escrita (como a do próprio nome), Fabiana usava os conhecimentos já conquistados sobre a língua para resolver outra ordem de problemas cognitivos a respeito da escrita: a representação gráfica e a correspondência grafema-fonema. Também nessas questões, a evolução da menina, marcada por conflitos e pela sucessiva criação de hipóteses, ficou evidente pela aproximação das formas convencionais da escrita, isto é, pela compreensão de que a escrita representa a fala em unidades menores que a sílaba.

Ao ingressar na escola, Fabiana já havia percorrido um longo caminho na elaboração de concepções a respeito da escrita. Além da consciência metalinguística, transparente nas atividades de leitura e de redação, a hipótese silábico-alfabética regia as produções gráficas da menina. Indubitavelmente, esses são fatores que explicam a vantagem de certas crianças sobre aquelas que não tiveram oportunidades semelhantes: após algumas semanas de ensino, a impressão de que Fabiana aprendera mais que muitos de seus coleguinhas (porque apresentava uma produção mais próxima ao convencional) era uma ilusão que se desmontava pelo esclarecimento de que os "pontos de partida" entre as crianças não eram iguais.

O maior mérito do estudo de caso apresentado por Rego é o de elucidar a alfabetização como uma elaboração cognitiva complexa que se processa (também) a partir de experiências de leitura e escrita informais, assistemáticas e aparentemente desorganizadas, típicas das práticas de leitura e de escrita de uma pequena parcela da população. A esse respeito, Smolka (2008, p. 24) afirma:

> Os conhecimentos que as crianças possuem quando entram para a escola dependem de vários fatores:
> 1) Experiência pessoal da criança em interação com o meio:
> a) condições de vida;
> b) nível de desenvolvimento, modos de percepção e organização do mundo;
> c) linguagem oral (formas e condições de interação verbal com outras pessoas).
> 2) Características ou indicadores ambientais:
> a) quantidade de linguagem escrita presente no meio;
> b) funções da escrita evidenciadas nas trocas e nas comunicações;
> c) valores expressos e/ou esclarecidos sobre a escrita.

Quando as diferenças individuais passam a ser compreendidas como diferenças de oportunidades ou de cultura, somos obrigados a encarar o processo formal de alfabetização de uma nova ótica (Coelho, 2009; Colello, 2021a e b; Ferreiro, 1986 a e b; Ferreiro e Teberosky, 1986; Luria, 1988; Purcell-Gates, 2004; Smolka, 2008; Weisz, Sanchez, 2002). Se o currículo oculto ou o letramento emergente geram uma condição que beneficia prioritariamente as classes média e alta, não podemos penalizar as crianças pobres com os rótulos de carência, subnutrição, rebaixamento mental e hiperatividade, muito menos com práticas discriminatórias que afastam o ensino de uma educação efetivamente democrática e inclusiva.

Criar oportunidades para a familiarização com a língua escrita e estimular o reconhecimento de suas funções, práticas e características no meio em que vivemos são deveres fundamentais de todo educador; são compromissos que toda escola deveria assumir. Nesse sentido, as intervenções docentes que diagnosticam, exigem e tantas vezes punem cedem lugar ao ensino que compreende, respeita e, por isso, promove as crianças que (supostamente) não aprendem.

6

Linguagem e discriminação social

A evolução linguística através dos tempos é marcada por uma relação de poder bastante discutível, conforme nos explicam Ferreiro e Teberosky (1986, p. 255):

> [...] a história, desde a antiguidade clássica até nossos dias, é clara e inequívoca: o que foi identificado como língua, em termos nacionais, é regularmente o modo de falar da classe dominante do centro político do país (geralmente, a capital). Assim foi como a fala de Atenas passou a definir o grego, a da região de Paris converteu-se no francês, a de Castilla se converteu no espanhol etc.
>
> A história das linguagens é uma história política, e a da distinção língua/dialeto é uma história das vicissitudes da dominação interna. Por isso a definição de Max Weinreich é extremamente correta, ainda que pareça um sarcasmo: "Uma língua é um dialeto com um exército e uma armada" [...].

Enquanto a humanidade construiu seus modos de expressão, fazendo deles um meio de se imortalizar, no plano individual, o acesso às formas expressivas valorizadas socialmente parece se restringir a uma minoria, enquanto uma grande parcela da população permanece à margem da compreensão do mundo em que vive ou da interferência nele.

É bem verdade que toda criança, mesmo sem qualquer instrução formal e sistemática, aprende a lidar com a realidade, comportar-se, manifestar seus desejos, conversar com os outros e, às vezes, até a dominar a escrita. Contudo, as manifestações individuais nem sempre podem compactuar do *status* das conquistas humanas no nível expresso-comunicativo: "a língua", "a escrita", "a arte" ou "a ciência". Isso porque elas passam por severos crivos de julgamento que, além dos parâmetros da "norma culta" e da gramática normativa, chegam a formas de discriminação bastante sutis, conforme nos explica Gnerre (1991, p. 30-31):

> Quando os linguistas e, ainda mais, os donos da gramática normativa fazem referência às estruturas linguísticas ou às regras, eles fazem referência somente a parte da totalidade dos sinais da comunicação, descontextualizados da totalidade dos sinais comunicativos que se dão na real interação verbal face a face. Esse tipo de abstração permite, na realidade, uma discriminação que vai além do simples domínio e uso da gramática normativa. Até no caso em que alguém consegue controlar as estruturas gramaticais e o léxico da variedade linguística padrão, ele ou ela ainda deverá passar pelo teste da interação face a face, que implica a produção de uma fonologia e de uma prosódia aceitáveis, um bom controle do tempo, do ritmo, da velocidade e da organização das informações ou dos conteúdos. Além destas características estritamente relacionadas à língua, há outras, tais como as posturas do corpo, a direção do olhar etc. Tudo isso entra, na realidade, no "julgamento" pelo qual uma pessoa tem que passar, mas nada disso está implicitamente mencionado ou legislado na gramática normativa.

Se levarmos em consideração que toda conduta humana, incluída a linguagem, é uma construção pessoal que tem de ser compreendida nas relações do sujeito com o seu meio, somos obrigados a admitir que o ser humano, como um todo, é reflexo da sociedade e da cultura das quais faz parte. É também como um todo que ele é rechaçado, discriminado e incompreendido. Tantas são as exigências para a manifestação do indivíduo que ele acaba, na maior parte das vezes, encerrando-se num contexto social restrito, desprezado e, portanto, limitado nas suas possibilidades de poder, de conhecimento e de intercâmbio cultural, como afirma ironicamente Bagno (2009a, p. 160):

> "Português", então, deixa de ser a língua que todos os brasileiros falam, com suas múltiplas variedades regionais, sociais e estilísticas, e passa a ser um rótulo usado para designar apenas as regras submetidas ao processo de padronização. Assim, o que não está registrado na norma culta, o que não está abrigado nas gramáticas normativas ou nos dicionários simplesmente não é português.

Na prática, a discriminação linguística está fundada em argumentos etnocêntricos, infundados do ponto de vista científico, que admitem a existência de línguas "superiores" e "inferiores", isto é, de "melhores" e "piores" falantes dentro de uma comunidade linguística.

O princípio da existência de uma língua padrão, a partir da qual todos os dialetos deveriam se corrigir, destrói completamente a natureza dinâmica e viva da história das linguagens, cuja evolução sempre esteve associada aos diferentes modos de falar e escrever. Ao contrário do que se possa imaginar, a heterogeneidade verbal, própria de qualquer comunidade, não representa a sua deterioração linguística, e a fala que hoje é desvalorizada pode, no futuro, assumir uma nova conotação social. Foi o que aconteceu com o latim vulgar — que, em oposição ao latim clássico, era considerado a fala dos pobres e incultos. Sua transformação deu origem às línguas românicas, altamente prestigiadas numa nova sociedade em que não havia mais espaço para o antigo latim (Cagliari, 1989).

Enfim, a história das línguas nos sugere que o "certo" e o "errado" linguístico não passam de preconceitos sociais eventualmente temporários.

Os estudos de linguística aplicada (Bagno 2009a; Bourdieu, 1998; Britto, 2003; Cagliari, 1995; Geraldi, 1984, 1996, 2003; Dias, 2011; Gnerre, 1991; Silva, 2005; Silva, Ferreira e Mortatti, 2014) se incumbiram de demonstrar que todo falante nativo é um falante legítimo, não só porque dispõe de um vocabulário convencional (e por isso compreensível), mas também porque tem o conhecimento da natureza sintática da língua e das suas regras. Ao aprender a língua materna, as crianças interiorizam uma gramática natural que faz do indivíduo um legítimo conhecedor da sua língua. No entanto, o ensino tradicional

> [...] em vez de incentivar o uso das habilidades linguísticas do indivíduo, deixando-o expressar-se livremente para depois corrigir sua fala ou sua escrita, age exatamente ao contrário: interrompe o fluxo natural da expressão e da comunicação com a atitude corretiva (e muitas vezes punitiva), cuja consequência inevitável é a criação de um sentimento de incapacidade, de incompetência. (Bagno, 2009b, p. 132)

Embora não se possa negar a necessidade de ensinar a norma culta às crianças das classes menos favorecidas (afinal, elas vão precisar desse conhecimento como recurso de sobrevivência e participação na nossa sociedade), o problema é que a precocidade e o autoritarismo dessa injunção funcionam como um desrespeitoso processo de aculturação (Colello, 2012, 2015). No enfrentamento do dilema entre ensinar a língua de prestígio e respeitar os dialetos das crianças que chegam à escola, Soares (1991) apregoa que, sem rechaçar as falas regionais, sociais e culturais, é possível investir no "bidialetalismo", isto é, a desejável condição de transitar com desenvoltura em diferentes contextos de produção linguística.

Mas é o contrário que prevalece nas escolas: a imposição de um único padrão linguístico ao longo de toda a vida estudantil funciona, na prática, como um mecanismo de silenciamento dos sujeitos, já que o ensino da língua, muitas vezes, acaba por inibir a possibilidade do dizer, roubando o direito à palavra. Isso porque, em nome da suposta correção linguística, a mesma escola que pretende ensinar a ler e escrever acaba por podar a expressão autêntica e ainda fomenta os mecanismos de discriminação (Colello 2012). Ao impor rígidos padrões de certo e errado, desconsidera-se que o uso que se faz da língua está relacionado com necessidades e valores próprios de um meio social, o que não significa ausência de normatividade.

Nesse sentido, foi preciosa a contribuição prestada pelo linguista William Labov. Ao defender a tese de que "diferença não é deficiência", ele desmistificou o argumento da "privação linguística", que culpava a criança pelo seu fracasso escolar. Seus estudos demonstraram que os dialetos próprios das classes sociais desfavorecidas são sistemas bem estruturados, usados por sujeitos que apresentam o mesmo potencial cognitivo daqueles que falam uma língua mais valorizada.

A discriminação linguística é, por esse motivo, um dos mais severos atentados aos princípios democráticos; na escola ou na sociedade, a maioria das nossas crianças é obrigada a competir em condições desiguais, nas quais suas chances e seus caminhos já estão preestabelecidos: a desescolarização, o analfabetismo, o subemprego e a marginalidade social.

7

Alfabetização e pensamento

Se o prejuízo de uma alfabetização malconduzida se faz sentir no plano sociopolítico, é possível que ele se estenda também para uma esfera menos óbvia, embora igualmente fundamental: a organização do pensamento. Na medida em que a escrita se configura como uma nova forma de expressão, não podemos desconsiderar as relações desse aprendizado com o modo como o indivíduo processa as informações internamente. Assumir que a aquisição da escrita afeta a organização do pensamento não significa que sujeitos analfabetos sejam incapazes de pensar ou de organizar suas ideias (o que seria mais uma fonte de preconceito).

A escrita pressupõe a organização do pensamento?

Até que ponto a atividade de redigir um texto pressupõe a reestruturação das ideias?

Para Vygotsky (1987), a conexão entre palavra e pensamento não é uma realidade *a priori*, razão pela qual é possível distinguir, no desenvolvimento infantil, um período pré-linguístico do pensamento (comportamento inteligente que não é verbalizado, como percorrer determinado caminho para chegar a determinado lugar) e um período pré-intelectual da fala (sons e balbucios que podem até expressar um certo estado do sujeito — alegria, irritação etc. —, mas não chegam a comunicar uma ideia de modo objetivo e organizado). É ao longo do desenvolvimento, por volta dos 2 anos de idade, que ambos os processos se cruzam e fortalecem suas relações, tendo no significado das palavras a sua unidade primordial. Com efeito, a palavra (fala significativa) dá corpo ao pensamento, e o fenômeno linguístico só existe quando iluminado pela ideia (pensamento verbal). Mas, ao contrário do que se pode imaginar, essa união não é estável; ela evolui à medida que se modificam os significados das palavras e os modos de compreensão da realidade. Trata-se, portanto, de uma relação dinâmica, num contínuo vaivém entre pensamento e linguagem.

A despeito do seu imbricamento, é preciso distinguir a oralidade e o discurso interior como processos de natureza, estrutura e objetivos diferentes. A fala social é a tradução do pensamento exteriorizada para os outros. Ao contrário, o discurso interior, nascido com a interiorização da fala, tem, desde as suas origens[16], uma função própria na organização das ideias. Flutuando entre a palavra e o pensamento, ele assume, gradativamente, peculiaridades próprias daquele que "fala consigo mesmo": predicação, abreviação, declínio da vocalização, predomínio do sentido sobre o significado e aglutinação.[17] Por exemplo, na fala socializada o indivíduo pode dizer a outra pessoa: "Vou buscar um casaco porque estou com frio"; no discurso egocêntrico, ele diz a si mesmo: "Casaco... frio".

---

16. Ao contrário do que afirma Piaget, Vigotski defende que o tempo (ou a idade da criança) não determina o desaparecimento do discurso egocêntrico. Essa forma de manifestação tipicamente infantil modifica-se e, diferenciando-se da fala social, dá origem ao discurso interno por meio de um processo de interiorização.

17. É possível que o aprofundamento dos estudos a respeito do discurso interior revele muitas outras características além das que foram mencionadas pelo autor.

As respectivas especificidades do pensamento e da linguagem tornam particularmente complexo o intercâmbio "eu-mundo", já que a transição do discurso interno para o exterior (e vice-versa) não é como a tradução de línguas diferentes. Seja no caso da fala ou da escrita, o processo de exteriorização de si implica transformar a unidade sintética, condensada e de estrutura predicativa da ideia em unidades separadas, mas sintaticamente articuladas — as palavras —, obedecendo a uma gramática diferente da individual para ser compreensível socialmente. O diálogo maduro (construído pela troca de ideias) ou a produção textual (que pressupõe a presença de um eventual leitor) nada mais são que formas indiretas de proporcionar o encontro de duas pessoas em um dado contexto. Em outras palavras, diríamos que, na busca de compreensão, comunicação e expressão, o indivíduo acaba se submetendo a um complicado processo no qual o "eu se traduz para o outro", adaptando-se às formas socializadas de linguagem verbal (fala ou escrita). No caso, como "Casaco... frio" não faz muito sentido na comunicação socializada, o sujeito é obrigado a expressar a ideia por completo.

No caso da redação de um texto, aquilo que aparece registrado no papel é a ponta de um longo processo de exteriorização que, tendo início num contexto motivador, passa sucessivamente pelo pensamento, discurso interior, busca de significação das palavras e, finalmente, o seu registro de modo convencional (sem o que ele corre o risco de não ser compreendido). O esquema abaixo procura ilustrar essa trajetória:

MOTIVAÇÃO → PENSAMENTO → DISCURSO INTERNO → SIGNIFICAÇÃO DE PALAVRAS → REDAÇÃO DAS PALAVRAS

Por exemplo, quando um jornalista faz a cobertura de uma enchente na cidade (motivação de informar e registrar fatos), ele forma uma ideia sobre a situação (pensamento) e traduz para si mesmo os principais fatos: "...enchente... colapso... interior...

85... desabrigados" (discurso interno) para depois redigir: "A capital gaúcha teve ontem a pior enchente de todos os tempos. Enquanto o interior tenta se recuperar, a região metropolitana de Porto Alegre segue em colapso, com mais de 85 mortes e milhares de desabrigados".

De modo inverso, podemos supor que a efetiva compreensão de um texto lido implica uma transformação das palavras lidas em blocos mais sintéticos e abreviados, os quais caracterizam o discurso interno, transformando-se, posteriormente, num pensamento. Esse processo de assimilação poderia ser assim representado:

MOTIVAÇÃO → LEITURA DAS PALAVRAS → APREENSÃO DO SIGNIFICADO → DISCURSO INTERNO → PENSAMENTO

Quando uma pessoa quer saber sobre o efeito das enchentes na sua cidade (motivação), ela lê o texto do jornal (leitura das palavras) apreendendo seus significados — "maior enchente... colapso... mortos... desabrigados" (discurso interno) — e forma uma ideia da situação (pensamento).

A conquista da relação pensamento/linguagem passa despercebida quando o que se vê é o produto (por exemplo, o âncora falando no telejornal ou o texto do jornalista). No caso da criança, é possível supor um processo de evolução, cujo percurso é marcado por avanços e retrocessos e por uma infinidade de conquistas a ser obtidas. As hesitações, a gagueira e as frases incompletas de uma criança que tenta relatar um fato ameaçador não necessariamente revelam dificuldade para falar; elas podem ser o reflexo de alguém que está elaborando uma ideia e tenta traduzi-la em uma fala socializada. A dificuldade daquele que escreve seus primeiros textos excede os problemas de simples registro das palavras e sentenças, alcançando uma dimensão mais complexa, que é a "ponte" entre a ideia e a sua expressão.

Infelizmente, educadores e psicólogos não estão suficientemente alertas para esse foco do desenvolvimento infantil (ele é invisível!) e insistem em rotular a criança, pressupondo uma habilidade que não é imediata: o livre trânsito entre pensamento e linguagem.

A escrita favorece a organização do pensamento?

Até que ponto a aprendizagem da leitura e da escrita (e a sua prática em determinado contexto social) promovem a evolução das formas de pensamento?

Luria (1988) mostra que, para além da esfera individual da evolução linguística e intelectual, devemos considerar a dimensão sociocultural na qual a linguagem (oral e escrita) ganha sentido. Na tentativa de compreender a interferência da cultura na atividade intelectual, o autor realizou diferentes pesquisas, comparando sujeitos analfabetos, de vilas remotas, tradicionais e sem tecnologia com indivíduos de culturas em desenvolvimento social e tecnológico, alfabetizados, embora com baixas qualificações educativas.

Suas conclusões apontam para o fato de que "mudanças nas formas práticas de atividades, e especialmente a reorganização da atividade baseada na escolaridade formal, produziram alterações qualitativas nos processos de pensamento dos indivíduos estudados" (p. 58).

A possibilidade de "descolar" do mundo imediato e concreto para alcançar uma esfera mais abrangente (eventualmente científica ou literária) pressupõe vivências significativas no âmbito social ou escolar, nas quais a fala, a escrita e o pensamento possam conquistar possibilidades mais complexas de operação.

Tais constatações nos permitem:

- Repudiar as concepções que atribuem inferioridade linguística e rebaixamento mental irredutíveis às classes menos fa-

vorecidas e marginalizadas. Desde que o sistema (social ou escolar) promova oportunidades, o ser humano é capaz de rápidas transformações qualitativas no que diz respeito à organização do pensamento.
- Reforçar a educação formal como meio de ampliar a compreensão e organização do mundo, e não apenas transmitir conhecimentos específicos. Esse ponto nos parece fundamental para o entendimento do fracasso escolar no Brasil, onde muitos dos que frequentaram escolas (e foram por elas alfabetizados) não têm a garantia de fazer uso desse conhecimento de modo abstrato, genérico e inteligente, o que caracteriza a condição de analfabetismo funcional. Em outras palavras, poderíamos dizer que a escola brasileira falha porque não consegue abrigar e promover todos os alunos ao longo do ensino fundamental e médio e, acima disso, porque não garante necessariamente a emancipação mental do indivíduo, nos moldes mencionados por Luria e esperados pela maioria das propostas de ensino.

O Indicador de Alfabetismo Funcional (Inaf)[18], uma iniciativa da Ação Educativa e do Instituto Paulo Montenegro (atualmente gerida pela Ação Educativa em parceria com a Conhecimento Estratégia e Gestão), que vem desde 2001 desenvolvendo pesquisas para retratar o cenário dos níveis de alfabetismo no Brasil, revela que a curva do analfabetismo, mesmo decrescente, não é acompanhada do aumento de leitores proficientes (12% das pessoas de 15 a 64 anos), índice que se manteve relativamente estável nos últimos 20 anos. A despeito das inúmeras campanhas de alfabetização, o Brasil tem 11,4 milhões[19] de analfabetos (7% da

---

18. Indicador de Alfabetismo funcional (Inaf), 2018. Disponível em: https://alfabetismofuncional.org.br/. Acesso em: 9 out. 2024.
19. Dados do IBGE, Censo de 2022. Disponível em: https://www.ibge.gov.br/. Acesso em: 9 out. 2024.

população) e 30% de analfabetos funcionais (Inaf, 2018). Embora esses números diminuam com o avanço da escolaridade, parece surpreendente encontrar 13% de analfabetos funcionais que estão cursando ou já concluíram o ensino médio.

Estudos realizados com redações do vestibular (Castaldo, 2011; Castaldo e Colello, 2014; Rocco, 1981) depararam com textos que, entre outras dificuldades, traduziam problemas na organização das ideias, estruturando-se a partir de simples reproduções pobres em fantasia, infantis, lineares, repetitivas, banais e carentes de qualidades expressivas, poéticas ou filosóficas. Suas conclusões indicam que

> a grande maioria dos candidatos à universidade apresentam, pelo menos momentaneamente, um atraso quanto à idade mental em que teoricamente deveriam se encontrar. A linguagem por eles apresentada [...] corresponde muito mais àquela expressão própria a crianças (nem mesmo adolescentes) de 9-12 anos, cujo nível de pensamento, ainda que lógico, prende-se ao universo concreto, do que aquela verbalização esperada da parte de indivíduos, em sua maioria, com idade situada entre 19-22 anos, com nível de escolaridade supostamente razoável e que, além de tudo, pretendem ingressar em cursos superiores [...]. (Rocco, 1981, p. 258-259)

Se essa é a realidade da população pré-universitária, o que dizer daqueles que, embora alfabetizados, não atingiram o mesmo estágio de escolarização?

Seja-nos permitido apresentar um exemplo de escrita surpreendente, até mesmo se considerarmos que o indivíduo em questão cursou apenas três anos da escola pública de ensino fundamental. Trata-se de uma anotação feita por C. S., adulto de aproximadamente 23 anos, migrante do interior de Minas Gerais e supostamente alfabetizado. Vivendo na cidade de São Paulo há alguns anos, ele é segurança contratado de um edifício na região sul desse grande centro urbano. Na época ele tinha a tarefa de percorrer as áreas comunitárias do prédio (mezanino e térreo, que funcionam como área social, e os cinco subsolos, que servem de garagem aos condôminos), fazendo um levantamento do número de lâmpadas e luminárias que estavam faltando. Percorrendo as dependências do edifício, C. S. fez o seguinte registro:

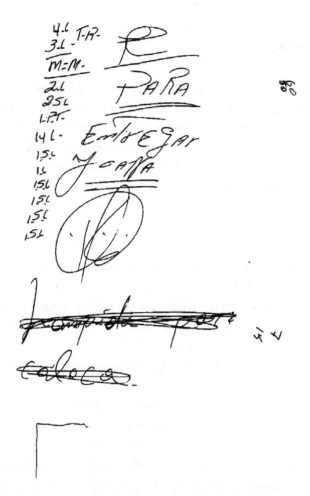

Os critérios de anotação feitos por C. S. podem ser assim sintetizados:

a) "1 L" (referência a "uma lâmpada") para cada ponto em boas condições, isto é, com luminária e lâmpada funcionando;
b) "1 SL" ("um sem lâmpada") para cada ponto sem lâmpada, mas com luminária;
c) "1 SN" ("um sem nada") para cada ponto sem lâmpada nem luminária;

d) "1 PT" ("um ponto de tomada") para cada ponto de tomada encontrado.

As anotações "a" e "d" certamente não faziam parte da tarefa solicitada. O seu levantamento, contudo, responde a diferentes aspectos: enquanto os dados "d" revelam apenas a má compreensão do que foi pedido, os "a" representam a organização e a sistemática com que C. S. cumpriu as ordens recebidas.

No registro feito, C. S. demonstrou que a escola, e certamente as experiências sociais de letramento, garantiram a ele:

- a possibilidade de usar as notações gráficas (no caso, letras e palavras) como auxiliares da memória (na concepção de Luria, condição básica para a consideração da escrita);
- o conhecimento do caráter fonético da escrita, evidente mesmo no caso das palavras grafadas de modo incorreto ("teseiro" e "lampida");
- o conhecimento e a aplicação correta da regra ortográfica que pede a letra M antes de P e B ("lampida");
- a abstração mínima na criação de um recurso de simplificação da tarefa: fazer corresponder cada palavra pela sua letra inicial ("1 SN" equivale a "um sem nada");
- a capacidade de organizar graficamente as notações (registro em colunas, respeitando a divisão dos andares).

Por puro acaso, tivemos acesso a uma notação infantil bastante semelhante àquela de C. S. Nesse caso, trata-se de Bertrand, um garoto de 5 anos e 3 meses, que estava preocupado em saber quanto tempo faltava para o Natal. Ele pediu à mãe que falasse o nome de cada mês e, a partir das informações, fez a seguinte anotação:

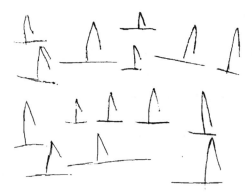

A comparação entre as produções de Bertrand e C. S. parece desleal para ambos. Do ponto de vista formal, o menino nem atingiu a idade escolar e não está alfabetizado, sendo incapaz de registrar os meses que faltavam. O conhecimento do número 1 (escrito de forma espelhada) para indicar "um mês" não lhe garante a possibilidade de somar a quantidade de tempo registrado (sete meses no total) nem de facilitar a anotação (como é o caso da abreviatura). Não obstante, Bertrand pareceu contentar-se com a informação visual representada pelos números dispersos no papel. Ele efetivamente conseguiu o seu propósito, marcando um a um os meses enumerados.

Um ano mais tarde, perguntamos ao mesmo garoto (agora com 6 anos e 3 meses) quanto tempo faltava para o Natal, pedindo-lhe que registrasse a sua resposta. Dizendo oralmente o nome dos meses, ele foi contando nos dedos e, por fim, escreveu o número 7 no papel. Mesmo não alfabetizado, o garoto mudou a sua forma de anotação, deixando de fazer a correspondência um a um para lançar mão de um registro mais abstrato e sintético. No período de um ano, ele aprendeu os números, o seu significado quantitativo e, mais que isso, foi capaz de usar esse conhecimento na resolução de um problema concreto, isto é, valendo-se da competência de estabelecer um recurso na organização do pensamento.

Do ponto de vista metodológico, Bertrand superou C. S., que, a despeito de sua idade e de seu tempo de escolarização não encontrou alternativas para o registro concreto (feito pela correspondência um a um). A notação feita por C. S. indica formas de pensamento pré-operatório, naturais em um menino de 5 anos, mas inesperadas no caso de um adulto alfabetizado.

Evidentemente, devemos levar em consideração que:

- nem todos os adultos atingem níveis de pensamento hipotético-dedutivo; e
- mesmo aqueles que chegam a esse estágio, operando de modo formal e abstrato, não o fazem em todas as atividades e em todas as horas do dia. Assim, é comum encontrar pessoas que, embora tenham atingido o nível mais alto na organização do pensamento, deixam transparecer em determinadas atividades graus inferiores. Esses persistem como um modo possível (eventualmente, o único) de enfrentar situações específicas.

No caso de C. S., o único registro de que dispomos não nos permite concluir em qual das duas possibilidades ele poderia se enquadrar.

De qualquer modo, fica evidente que a escola (ou as experiências letradas de anos na região metropolitana de São Paulo) não garantiram os estímulos básicos para que C. S. conquistasse, pela escrita, formas de organização do pensamento. Ainda que alfabetizado, C. S. tem poucas perspectivas de uso inteligente e criativo desse conhecimento. É bem verdade que esse exemplo só é representativo para 30% da população, uma parcela numericamente pequena (mas qualitativamente inadmissível): os analfabetos funcionais. De qualquer forma, é alarmante constatar que o esforço realizado nas escolas brasileiras pode conferir níveis técnicos ou mecânicos da escrita (feita pela simples associação de letras) minimamente funcionais e tão pouco formativos. Mais alarmante ainda é constatar que, de acordo com o Sistema de Avaliação Básica (Saeb), mais de 50% dos alunos do 2º ano do ensino fundamental não conseguem ler (Sampaio, 2024).

Como consolo, C. S. (e os brasileiros por ele representados) pode se dizer alfabetizado, assinar seus documentos, gozar de algumas vantagens, ter maiores chances de garantir o emprego (e a sobrevivência) nesse meio pouco educativo, embora supostamente evoluído e democrático.

8

Escrita e pedagogia da alfabetização

A produção da escrita na escola tradicional

As constatações de que o domínio da língua escrita não necessariamente garante a evolução de determinadas formas de pensamento, a democratização social nem o acesso à cultura conduzem-nos à problemática do ensino formal. Embora a escola não possa ser a única culpada pelos números do analfabetismo e letramento[20], é bem verdade que ela pouco tem contribuído para reverter a situação.

Por que a escola falha?

Lamentavelmente, o ensino tradicional está amparado por pressupostos enganosos, que condicionam a natureza e a didática da ação pedagógica. Por desconsiderar seus alunos — conhecimentos, valores, linguagens e necessidades —, a escola impõe normas, comportamentos e conteúdos como se ela fosse a responsável por todo o saber, a detentora da verdade única e indiscutível. Os educadores têm a pretensão de iniciar seus trabalhos pelo

---

20. Na consideração desse problema, é preciso levar em conta também os fatores de ordem social, política, cultural e econômica.

"marco supostamente zero de conhecimento", a partir do que se planeja a evolução das atividades pedagógicas — que, por sua vez, apenas pretendem cumprir o papel de "preencher cabeças vazias e ignorantes", isto é, sem levar em consideração os conhecimentos prévios e os processos cognitivos daquele que aprende (Aquino, 1997; Bagno, 2009a; Carraher, Carraher e Schliemann, 1989; Colello, 2012, 2015, 2020, 2021b; Frigo e Colello, 2018; Guilherme, 2024; Siqueira e Colello, 2023; Parra, 2024).

A pretensão de autonomia do saber escolar se faz sentir particularmente no ensino da escrita. Sob o pretexto de facilitar a alfabetização, a escola sistematiza o processo e distribui as dificuldades inerentes à escrita de acordo com uma sequência lógica do ponto de vista do adulto, criando, com isso, uma língua artificial que, para a criança, falha enquanto meio de expressão. Em outras palavras, a escola, em suas práticas alfabetizadoras, acaba impossibilitando a "aventura da comunicação".

Assim, o fracasso escolar deixa transparecer outro lado menos evidente, mas não menos alarmante, que é a condição de muitos estudantes que conseguem permanecer na escola. Longe do efetivo conhecimento, o que se obtém é a cristalização de um saber pouco significativo, descontextualizado, estranho às conquistas antes feitas pelo aluno e à sua realidade vital. O sucesso escolar não necessariamente garante o acesso ao mundo dos "intelectuais" e nem mesmo a possibilidade da comunicação eficiente, tal como é exigida pelo crivo social.

> Obcecados pela rápida alfabetização e pelo anseio da correção ortográfica e gramatical, muitos educadores operam centrados em uma hierarquia de valores socialmente instituídos, privilegiando a aprendizagem estanque da língua em detrimento do estímulo à riqueza e amplitude das possibilidades de expressão dadas pela conjugação inteligente de recursos e sistemas (incluindo a própria escrita). (Colello, 2012, p. 196)

A despeito das boas intenções e das frágeis tentativas de reverter o fracasso escolar, a escola falha porque não se posiciona ao lado daquele que, a princípio, deveria atender: o aluno.

Os vícios e as tendências da escola tradicional no ensino da língua materna foram apontados por Mauricio de Sousa (1989) em uma historinha crítica e bem-humorada denominada "O bom português" e protagonizada por Chico Bento[21]. A história começa quando a professora do menino lhe pede que leia uma redação de autoria dele próprio. Ao ler diversas palavras escritas incorretamente na tentativa de contar o dia em que ele foi para a cidade visitar seu primo "pra mor di ispraiá os ânimo", Chico é interrompido pela professora, que lhe dá uma bronca e o cobra: "Você tem que ler mais para escrever direito. Tem que conhecer o bom português". Em seguida, pede que o garoto consulte um dicionário.

Porém, Chico não sabe do que se trata e pressupõe que "dicionário" seja o nome de uma pessoa que ele deve encontrar pela rua. Depois de várias trapalhadas para obter o livro, ele finalmente o encontra e passa a noite toda lendo, tentando decorar todas as palavras e suas definições. Na manhã seguinte, na escola, Chico começa a definir diversas palavras proferidas pela professora, como se fosse uma espécie de dicionário automático (por exemplo, a palavra "esforço": "atividade di um ser qui mobiliza todas suas força física o morar pra atingi argum fim"), o que o leva a um colapso. Segundo o médico, o menino teve uma estafa mental e só precisa de repouso. Ao final da história, o leitor é surpreendido ao constatar que o dicionário, um livro tão útil na vida social, é também útil no contexto da vida familiar de Chico Bento: ele servia como "carço" para o pé da cama, que havia quebrado.

---

21. A história "O bom português" é contada pela própria autora nos seguintes vídeos: "Alfabetização na educação infantil e no ensino fundamental: o quê, por quê e como" e "A língua escrita na escola" (ambos indicados no anexo deste livro).

Mesmo sendo dirigido ao público infantil, a história promove uma séria crítica à escola, caricaturizada, mas nem por isso irreal. O fato de as crianças se divertirem com o drama do personagem é a prova de que elas (até elas!) reconhecem na ficção a (dura) realidade do dia a dia escolar.

Na análise da história, o que fica evidente é:

- a postura autoritária da professora, que determina o que deve ser feito, mas não necessariamente como deve ser feito ("Quero que descubra você mesmo");
- a falta de escuta da professora, que em nenhum momento se dispôs a conversar sobre a história que o aluno tinha escrito: o que teria acontecido com o personagem que resolveu visitar o primo na cidade "pra mor di ispairá os ânimo"?
- a imposição linguística para o falar e escrever a partir do que se concebe como norma culta — "o bom português";
- o choque entre a cultura escolar e a realidade social do aluno, explícito pelo lugar do dicionário na escola e na casa de Chico Bento;
- o posicionamento de pessoas (a professora) ou de objetos (o dicionário) que, perante os alunos ou a sociedade, são detentores de uma verdade absoluta e inquestionável;
- a concepção de aprendizagem, entendida como aproximação acrítica com os "parâmetros de verdade" (decorar o dicionário), e não a partir da consciência metalinguística ou da efetiva compreensão do que é assimilado;
- a língua reduzida à prática escolar descontextualizada e sem significado, e não como prática de interação e comunicação entre as pessoas.
- o mau aproveitamento das aulas é atribuído ao aluno, culpado porque não se dedica o bastante ("você tem de ler mais para escrever direito") e, por isso, assume o papel de "burro" ou de "palhaço" (a ignorância de Chico Bento é motivo de riso). Em

outras palavras, o fracasso escolar é explicado pela ideologia do mérito pessoal, na qual o aluno é sempre o culpado;
- o conhecimento como algo a ser injetado na criança de modo estático e para o qual o indivíduo só pode contribuir na medida do esforço pessoal, visando a absorver o maior número de informações possível, até o limite da estafa — o ensino como prática de "encher a cabeça";
- a desconsideração da professora pelo aporte cognitivo e pelo interesse do aluno (a aula começa pela constatação das "defasagens", dos "erros", e não a partir do que já foi conseguido e conquistado por Chico Bento);
- o desapontamento da criança, que não vê como situar o novo aprendizado no contexto das suas práticas sociais; Chico Bento não reconhece no dicionário a sua língua ("isso é portugueis o língua istrangera?");
- a completa falta de sintonia entre a professora e o aluno: o uso do dicionário na escola e na casa do menino, a referência ao "português" língua da professora e o "português da venda" para Chico Bento;
- a ênfase que a escola atribui ao saber artificial, decorado e pouco significativo, o qual não tem valor para o menino;
- a motivação de aprender regida pelas recompensas externas ao próprio conhecimento: agradar a professora e conseguir a nota 10;
- a prioridade do produto sobre o processo: mais vale decorar a lição do que refletir sobre ela, mantendo acesa a chama da curiosidade. Se a lição for apresentada impecavelmente, não importa o percurso, o valor da conquista, o mérito da descoberta, nem "o gosto pelo saber".

Como nem mesmo um herói de histórias em quadrinhos pode resistir sem desanimar perante tantas exigências absurdas, as nossas crianças são obrigadas a encontrar outras formas (eventualmente, até mais heroicas!) de enfrentar essa situação. Elas respondem com desistência, resignação, desinteresse, apatia, hiperatividade e indisciplina, em padrões de comportamento que raramente são compreendidos ou questionados pelos educadores.

Além disso, os resultados do tratamento que a escola dá ao ensino da língua materna aparecem também nas produções escritas da criança. Consideremos, por exemplo, os dois grupos de redações a seguir, ambas de turmas do 2º ano do ensino fundamental de duas escolas públicas de um mesmo bairro em São Paulo.

Dada uma folha com algumas formas geométricas, a professora pediu aos alunos que aproveitassem os traçados para criar um desenho e, posteriormente, escrevessem algo sobre ele.

As meninas quadradas.

Era uma vez uma moça e uma menino que iam acampar.
A moça falou:
— Vamos fazer uma cabana?
A menina respondeu:
— Sim, vamos.
Estava chegando a noite e elas foram dormir.
A mãe dela estava com muito medo porque ela escutou um barulho de cobra.
No dia seguinte ela falou:
— Ontem a noite eu escutei barulho de cobra.
A filha dela respondeu:
— Deve ser o ronco do vizinho.

O monstrinho

Era uma vez uma menina chamada Priscila ela estava assistindo TV, o dono do mundo depois sua mãe falou:
— Filha vem jantar!
Depois ela foi, mas alguma coisa estava saindo da TV era um monstrinho muito manso. Depois Priscila chegou e viu o monstrinho e perguntou:
— Qual é seu nome?
O monstro falou:
— Pip, pip, pip.
E Priscila falou:
— Ha seu nome é Pip.
Depois ela chamou Pip o seu quarto:
— Venha Pip conhecer minha casa, mas primeiro fale se você vai morar comigo.
Depois o Pip falou:
— Pri, pri, patri, roti.
Depois Priscila entendeu um pouco a fala dele e falou:
— Está bem então venha conhecer onde você vai dormir. Depois Priscila arrumou tudo e foi mostrar seu amigo a sua mãe e sua mãe adorou o Pip e assim o Pip ficou com uma nova família.

Silvia M. Gasparian Colello

 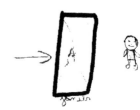

O menino que gostava de jogar bola.

Paulo era um menino que gostava de jogar bola.
Um dia ele foi jogar bola e acabou quebrando o vidro.
Ele falou
— Eu quebrei o vidro do senhor João.
João ficou furioso
E falou:
— Quem quebrou meu vidro?
Foi você Paulo vou falar com seu pai
João foi na casa de Paulo e falou com seu pai e o pai de Paulo deu uma surra nele.

Alfabetização em questão

Dados alguns rótulos e embalagens de produtos conhecidos pelas crianças, a professora pediu que elas escrevessem algo sobre eles, podendo (ou não) usar as informações ali disponíveis.

> a lede mosa é gostosa
> O macarrão é gostoso
> A bolaxa é gostosa
> A lede mosa da pafaze pudinho
> O sabonete é xerosa
> O bolbão é gostoso
> O biscau é gostoso
> O leite mosa posa nonão
> O sabonete é bão
> A pasta de teti é boa

> a lede mosa é gostoso
> O macarão é gotoso
> A bolaxa é gostosa
> A lede mosa festa
> O sabonete é gostoso
> O neteter é bão
> O macarão é

Não nos cabe aqui fazer um estudo aprofundado dos motivos que levam crianças (com o mesmo perfil sociocultural, da mesma idade e com o mesmo tempo de escolaridade) a produções escritas tão diferentes do ponto de vista qualitativo. É até possível supor que elas tenham ingressado na escola com diferentes níveis de compreensão da língua escrita.[22] Contudo, o que nos surpreende nas turmas apresentadas é o nível de expressividade implícito em cada redação, o grau de envolvimento e compromisso com a tarefa. Independentemente da ortografia, pontuação ou distribuição dos parágrafos, as redações revelam diferentes usos da língua escrita.

Na primeira turma, pode-se dizer que as crianças usaram seus conhecimentos linguísticos para compor historinhas bastante criativas e coesas, dando conta de expressar o seu imaginário. Elas verdadeiramente se entregaram à tarefa. Na segunda turma, a criatividade ficou inibida, provavelmente pelo medo de errar, de se arriscar no uso da escrita ou pela impossibilidade de fazer da redação um instrumento de manifestação pessoal e inteligente. O compromisso com a escola, a necessidade de se desincumbir da tarefa e a preocupação em atender os "parâmetros escolares de linguagem perfeita" (implícitos nos critérios de avaliação escolar, nos livros e materiais didáticos) geraram produções impessoais, cujas formas rígidas não dão espaço para a manifestação de ideias, fantasias e interesses tipicamente infantis.

Uma breve comparação entre os dois grupos indica que as redações do primeiro, ainda que redigidas numa linguagem simples, são mais ricas nas suas construções sintáticas e vocabulares. Ao contrário, o que se observa no segundo grupo é a excessiva repetição de termos, em construções frásicas praticamente invariáveis. A competência linguística dessas crianças, como falantes nativos da língua, certamente não chega ao papel.

---

22. Currículo oculto e letramento emergente, conforme discutimos no capítulo 6.

Na avaliação das possibilidades de escrita, Geraldi (1984) distingue dois extremos, representados respectivamente pelos exemplos: "a produção de texto feita na escola por um aluno--sujeito" e a "redação feita para a escola por um aluno-função". O que separa esses dois modelos é a postura de autor do primeiro, em uma relação interlocutiva com o outro e com a sua própria palavra, em oposição ao segundo, o "aluno-tarefa", que apenas cumpre o jogo da escola.

Se levarmos em conta que esses dois grupos de produções escritas representam a realidade das suas respectivas classes (grupos com mais de 30 alunos), somos obrigados a admitir que não se trata apenas de diferenças individuais ou ocasionais entre pequenos grupos de crianças com antecedentes específicos, mas também de diferenças resultantes do processo formal de ensino-aprendizagem, isto é, produzidas no âmbito escolar. De certa forma, é possível dizer que muitas escolas fracassam até mesmo quando são bem-sucedidas. Isso fica evidente no caso de alunos que conquistaram o sistema alfabético de escrita, podendo até ser considerados alfabetizados, mas dificilmente se comportam como "sujeitos de suas próprias palavras", isto é, como efetivos autores de seus textos. Formalmente, eles sabem ler e escrever, dão conta de executar a tarefa escolar, mas não conseguem se colocar como verdadeiros produtores e intérpretes da língua (Colello, 2012).

Lamentavelmente, a fragilidade da expressão verbal não é um fenômeno restrito aos indivíduos recém-alfabetizados. Trata-se de uma tendência bastante forte que pode se perpetuar ao longo de todo o processo de escolarização, chegando às portas da universidade (Blog do Enem, s/d; Castaldo, 2001; Castaldo e Colello, 2014; Inaf, 2018; Rocco,1981).

Ao contrário do que se poderia esperar de jovens candidatos ao ensino superior (tendo, no mínimo, 14 anos de escolaridade), a estereotipia de linguagem está presente na maioria das redações do vestibular e do Exame Nacional do Ensino Médio (Enem). Isso quer dizer que grande parte dos indivíduos apresenta, nessa fase, um conteúdo previsível e uma linguagem pouco criativa, que, ao invés de expressar uma visão de mundo, refletindo a condição autoral do sujeito, contenta-se com a repetição de clichês já desgastados, em produções tão impessoais quanto as do segundo grupo apresentado. Nesse caso, parece justificável que professores do Ensino Médio e dos cursinhos pré-vestibulares se conformem com a tarefa de distribuir "modelos pré-formatados" de escrita, com dicas e supostas receitas para a "redação nota 1000" (Blog do Enem).

A dificuldade de expressão de quem escreve, não importando a idade ou o tempo de permanência na escola, é uma afronta aos princípios da alfabetização que (pelo menos em tese) visam à formação do bom leitor e produtor de textos. Uma vez mais, vale lembrar que, se a escola não é a única responsável, ela falha (no mínimo) por não evitar a despersonalização do indivíduo nem promover o desenvolvimento do senso crítico na manifestação pessoal do aluno.

Até que ponto as práticas em sala de aula, usadas para a alfabetização e a pós-alfabetização, condicionam o modo de se lidar com a língua escrita? Em outras palavras, até que ponto a escola, sob o pretexto de ensinar a escrita, está destruindo a possibilidade de comunicação e a autenticidade linguística da criança?

A concepção interacionista da pedagogia alfabetizadora envolve pelo menos três enfoques, que procuraremos analisar nos tópicos que se seguem: os princípios da aquisição da escrita, as frentes de trabalho no processo de alfabetização e a revisão do material didático e de estratégias metodológicas do processo pedagógico.

Princípios da aquisição da escrita: ensinar a escrever ou ensinar a língua escrita?

A aprendizagem da escrita parece ser uma meta escolar por si só legítima e indiscutível. Entretanto, não se pode dizer que haja, entre os educadores, um consenso a respeito dos objetivos e dos meios desse ensinamento.

> [...] as últimas três décadas assistiram a mudanças de paradigmas teóricos no campo da alfabetização que podem ser assim resumidas: um paradigma behaviorista, dominante nos anos de 1960 e 1970, é substituído, nos anos de 1980, por um paradigma cognitivista, que avança, nos anos de 1990, para um paradigma sociocultural. [...] se a transição da teoria behaviorista para a teoria cognitivista representou realmente uma radical mudança de paradigma, a transição da teoria cognitivista para a perspectiva sociocultural pode ser interpretada antes como um aprimoramento do paradigma cognitivista que propriamente como uma mudança paradigmática. (Soares, 2004, p. 10)

A partir da década de 2000, em face dos resultados desastrosos de desempenho escolar obtidos pelas avaliações de desempenho escolar internas e externas (Sistema de Avaliação da Educação Básica, Saeb, e Programa Internacional de Avaliação de Estudantes, Pisa), renasce no Brasil o movimento do método fônico, oficialmente marcado pela publicação de um relatório de um grupo de trabalho da Comissão de Cultura da Câmara dos Deputados: "Alfabetização infantil — Os novos caminhos" (Brasil, 2007). Com a promessa de lidar com o problema, o movimento fônico, em progressiva ascensão até 2022, acaba por recuperar os princípios da escola tradicional (Muceniecks e Colello, 2024a e b). A respeito da emergência do método fônico, Soares lamenta a perspectiva do novo que se configura como um retrocesso:

> Considero que nós estamos vivendo, na área de alfabetização, um momento grave. Primeiro, por causa do fracasso que aí está, gritante, diante de nós. Não é possível continuar dessa forma. Segundo, porque estão aparecendo tentativas, em princípio muito bem-vindas, de recuperar a especificidade da alfabetização, mas é bom vermos qual caminho vão tomar. Entretanto, *voltar para o que já foi superado não significa que estamos avançando*. Avançamos quando acumulamos o que aprendemos com o passado, juntando a ele as novidades que o presente traz. [...] O que considero preocupante, porém, é que esse movimento está indo em direção ao método fônico. Por quê? Para corrigir os problemas que estamos enfrentando, será que a solução é voltar a usar esse método? Por que essa ênfase no fônico? (Soares, 2003, p. 19-20, grifo nosso)

Os embates entre os adeptos do método fônico e os construtivistas, travados no início dos anos 2000, e a retomada dessa disputa com a Política Nacional de Alfabetização (PNA) de 2019 (revogada em 2023), marcando a oposição entre fônicos e socioconstrutivistas, são evidências da oscilação de propostas e de políticas públicas no Brasil (Muceniecks e Colello, 2024a e b). A análise das diferentes posturas traz à tona não só concepções divergentes a respeito do ensino da língua materna como tendências diferenciadas para a prática pedagógica.

Entre as grandes contribuições trazidas pelo movimento do construtivismo desde a década de 1980 no Brasil[23], é possível destacar a desestabilização da concepção técnico-instrumental da língua escrita.

A demonstração de que a escrita constitui-se em objeto de conhecimento no curso do desenvolvimento (e muito provavelmente

---

23. O movimento do construtivismo no Brasil é marcado pela tradução e publicação da obra *Psicogênese da língua escrita*, de Emilia Ferreiro e Ana Teberosky (1986).

muda a relação do sujeito com sua língua) é contrária à ideia comumente admitida de que a escrita é simples técnica de transcrição. Essa nova concepção está carregada de consequências pedagógica. (Ferreiro, 2001b, p. 18)

De fato, até então, a maior parte das escolas tradicionais fazia distinção entre "aprender a ler" e "ler para aprender" ou "aprender a escrever" e "escrever para comprovar a aprendizagem" (da própria língua ou de conteúdos escolares). Nessa perspectiva, a língua escrita se configurava como um pré-requisito para a aprendizagem dos conteúdos previstos pelo currículo, e não como um conhecimento válido em si mesmo. Enquanto fase preliminar (até o 2º ano do ensino fundamental), esperava-se que a criança dominasse o sistema alfabético por meio da associação correta de letras (na formação de palavras) e de palavras (na composição de textos), codificando na escrita e decodificando na leitura. Acreditava-se que, uma vez dominados os segredos do sistema alfabético (a correspondência fonema-grafema), o sujeito estaria pronto para a vida estudantil.

Em consequência dessa concepção técnico-instrumental, a escrita acabou por se configurar como um objeto estritamente escolar, isto é, que tem valor sobretudo pelo que pode proporcionar no âmbito da sala de aula. E, como o sucesso escolar depende do "bem escrever", os educadores foram "contaminados" pela febre da correção linguística — que, nesse caso, se sobrepôs à própria dimensão expressiva da língua. Com a preocupação de ensinar as regras ortográficas, gramaticais e sintáticas, os educadores se esqueceram de valorizar o propósito fundamental daquele que lê ou escreve, a saber, a interação e a comunicação no meio letrado.

Na primeira metade do século XX, Vygotski foi um dos primeiros a combater o artificialismo linguístico na escola, defendendo a ideia de que "o que se deve fazer é ensinar às crianças a linguagem escrita, e não apenas a escrita das letras" (1988, p. 134). Orientadas por tal princípio, as pesquisas construtivistas e sociointeracionistas vêm procurando demonstrar que a ênfase no aspecto didático do como escrever, a sistematização das famílias silábicas, a prioridade das informações puramente visuais do texto[24] e a supervalorização das regras gramaticais e ortográficas podem resultar em um sério comprometimento da escrita, porque massacram a sua dimensão expressiva — justamente aquilo que lhe garante significado.

No anseio de ensinar a escrever, muitos professores impingem aos seus alunos um ensino "gramaticalista", que acaba por abafar o talento e o desejo de se exprimir (Britto, 2003; Coelho, 2009; Colello, 2003, 2012, 2015, 2021a e b; Geraldi, 1984, 1993, 1996, 2009). O conhecimento da língua escrita é substituído pela memorização de conceitos, técnicas e regras que, sobrepondo-se à gramática natural, anulam a espontaneidade e a riqueza do repertório infantil, bem como a possibilidade da produção criativa.

Em uma obra bastante polêmica, Luft (1985) defende uma "subversão linguística", baseado no princípio de que "escrever bem é escrever claro, não necessariamente certo". O que prevalece na obra do autor é uma rica argumentação em favor da expressão livre, comunicativa e fluente, a despeito da tradicionais práticas de ensino da língua materna. É o que nos sugere a seguinte passagem:

> O escritor, o bom escritor, domina seu instrumento de trabalho, usa-o como respira, com desembaraço, prazer, segurança. Quando luta em busca de um texto melhor, cada vez mais perfeito

---

[24]. Ferreiro e Teberosky (1986) distinguem as informações visuais (aquilo que está escrito ou impresso no papel) das informações não visuais (conhecimento da língua, do tema em questão ou do portador de texto), que são de fundamental importância para as antecipações próprias da leitura significativa e inteligente.

e mais original, é porque persegue a palavra exata e mais expressiva, não por se debater com regras que eventualmente tenha aprendido na escola e esqueceu...

A boa comunicação verbal não tem nada a ver com a memorização de regras de linguagem nem com a disciplina escolar que trata dessas regras, e que geralmente, em nossas escolas, toma o lugar do que deveriam ser as aulas de português: leitura, comentário, análise e interpretação de bons textos, e tentativa constante de produzir pessoalmente textos bons. (p. 20-21)

Evidentemente, não pretendemos fazer a apologia da incorreção gramatical nem de um *"laisser faire* ortográfico". Acreditamos — isso sim — que o ensino da leitura e da escrita não pode assassinar a possibilidade de expressão, que o esforço de correção linguística deve ser precedido pela consciência do valor das normas de escrita e pela vontade de se autocorrigir. No fundo, é a convivência com a escrita e a vontade de se expressar melhor que colocam, para o aprendiz, a necessidade de respeitar as regras da língua escrita. Assim, a ortografia, tradicionalmente imposta, entra como um recurso a mais para aquele que, na busca de expressão pessoal, sente a necessidade do "bem escrever".

Ensinar a linguagem escrita significa compreender esse sistema de representação nos seus usos, nas suas modalidades, práticas sociais e necessidades de interação, garantindo cada vez mais a ampliação da possibilidade expresso-comunicativa. Trata se, antes de tudo, de poder manipular espontaneamente a semântica, a sintaxe e a fonética, tendo em vista os propósitos da comunicação, em diferentes situações. Dessa forma, "a aquisição da escrita não é a aquisição de uma técnica para transcrever a oralidade. É analisar de outra maneira os fenômenos linguísticos. É comprometer-se com a retórica. É criar um novo objeto: a língua escrita" (Ferreiro, 2001b, p. 53).

Quando a escrita se apresenta à criança como algo a ser (re)criado de modo significativo e funcional, ela se integra à própria vida do sujeito (suas necessidades de comunicação, seus interesses, suas fantasias e seu processo de desenvolvimento). As práticas de alfabetização, centradas na técnica e na correção da escrita, parecem ainda muito distantes do ideal de promover a escrita como um direito de todos.

Lamentavelmente, seja pela força da tradição (Colello, 2012, 2015, 2021a e b; Frigo e Colello, 2018; Guilherme, 2024; Siqueira e Colello, 2023; Parra, 2024), seja pelas políticas de educação (2019-2022) que se conformam com um ensino reducionista — o método fônico de suposta evidência científica (Muceniecks e Colello, 2024a e b) —, encontramos nas escolas práticas centradas na aquisição do sistema alfabético e no aspecto meramente notacional da escrita.

Frentes de trabalho no processo de alfabetização

Ao rejeitarmos o ensino da escrita como mero instrumento escolar, somos obrigados a ampliar os objetivos da alfabetização, colocando-os numa esfera mais formativa do que propriamente instrucional ou técnica. Se o que se tem em vista é ensinar a língua escrita, é preciso levar em consideração as várias dimensões daquele que conquista uma nova forma de se expressar. Como a alfabetização deixa de ser um período "preparatório" do B + A = BA (associação mecânica de letras e palavras), ela deve, desde o início, estar articulada com os esforços de integrar o indivíduo no contexto letrado, promover novas formas de organizar o pensamento, de compreender os outros e de se tornar um ser ativo na construção do conhecimento (possibilidades de criação e de manifestação de si mesmo) (Colello, 2020a). Com base nisso, podemos distinguir diferentes frentes de trabalho no processo de alfabetização:

Formação do falante

Para a maior parte dos alfabetizadores, escrita e oralidade são aspectos distintos que não necessariamente se encontram no trabalho pedagógico. No entanto, a alfabetização não apenas parte da oralidade como acaba por redimensionar a expressão do falante e o trânsito do sujeito nas diferentes formas de comunicação, motivo pelo qual a oralidade compõe um dos os eixos de língua portuguesa do ensino fundamental instituído pela Base Nacional Comum Curricular (BNCC) (Brasil, 2017), juntamente com os eixos de leitura/escuta, produção de textos e análise linguística.

Formação do "poliglota"

Por falta de terminologia mais adequada, a palavra "poliglota" é entendida aqui não necessariamente como aquele que fala várias línguas estrangeiras, mas como aquele que tem a possibilidade de compreender, dominar e usar as diferentes formas de linguagem humana (desenho, arte, música, movimentos, mímica, escrita e oralidade, incluídas aí também as várias modalidades ou dialetos de sua língua), articulando-as na construção de sentidos e na interação com o mundo. Com base nos argumentos explicitados nos capítulos anteriores e nos pressupostos da BNCC, defendemos a importância do "livre trânsito" na produção e interpretação de várias formas expressivas, competência nem sempre valorizada pela escola, mas tão comum no nosso dia a dia. A aprendizagem da língua escrita integra a área de linguagens/língua portuguesa nos eixos "oralidade", "produção textual", "leitura/escuta" e "análise linguística (Brasil, 2017) e não deve ser ensinada desvinculada de tantas outras manifestações linguísticas e expressivas.

Formação do produtor de texto

Na BNCC (Brasil, 2017, p. 74), o eixo produção de textos é definido como o conjunto de "práticas de linguagem relacionadas à interação e à autoria (individual ou coletiva) do texto escrito, oral e multissemiótico, com diferentes finalidades e projetos enunciativos". Como não basta a capacidade de copiar palavras ou frases, a alfabetização traz implícito o desafio de produzir textos inteligentes, pessoais e criativos. Como produto da elaboração mental, do raciocínio lógico ou de pura imaginação, importa que o texto seja uma construção feita em função de um propósito e em um dado contexto. Para tanto, é preciso promover a consciência sobre os usos possíveis da escrita, seus propósitos, gêneros e suportes. Contudo, seria uma ingenuidade conceber a produção de textos como prerrogativa daquele que já dominou completamente o sistema da escrita. Quando são estimuladas, até mesmo as crianças não alfabetizadas são capazes de produzir "textos orais", usando uma linguagem que é típica da escrita (por exemplo, quando ditam uma carta ou uma história a ser escrita). Isso quer dizer que a formação do produtor de textos é um objetivo de longo prazo, que tem início antes mesmo da alfabetização, prolongando-se durante toda a vida em função das práticas letradas do seu mundo.

Formação do intérprete

Aprender a ler requer muito mais do que conhecer e memorizar os nomes e sons de cada letra. Para Smith (1989, p. 37), "ler é uma questão de formar um sentido da impressão, e a significatividade é base do aprendizado". Assim, não se trata de insistir na decomposição dos textos em palavras e das palavras em letras, muito menos na relação letra e som (fonemas e grafemas). Crianças que aprenderam a ler preocupadas unicamente com a decifração serão provavelmente adultos com dificuldade para compreender textos. A leitura inteligente se faz pela incessante busca da ideia, pela construção e reconstrução de sentidos e significados — competência que deve ser profundamente valorizada desde o início da alfabetização. A arte de extrair significados, atribuir sentidos e correlacionar ideias do material escrito é o que dá sentido ao esforço do leitor, seja ele um adulto já alfabetizado, seja ele um pequeno aprendiz.

Formação do leitor

Na BNCC (Brasil/MEC — BNCC, 2017, p. 69), "o eixo leitura compreende as práticas de linguagem que decorrem da interação ativa do leitor/ouvinte/espectador com os textos escritos, orais e multissemióticos e de sua interpretação". Assim, é possível definir o leitor como aquele que não só aprende/aprendeu a ler como usufrui dessa atividade, integrando-a a sua vida, seu trabalho, suas necessidades e, sobretudo, seu prazer. Isso significa que tão importante quanto reconhecer as letras e poder interpretá-las na reconstrução do texto é desenvolver o gosto pela leitura, criando, desde muito cedo, hábitos de leitor — em especial, pela imersão no universo literário.

Formação do revisor de texto

Muitas crianças associam a correção de seus textos ou trabalhos aos mecanismos mais coercitivos da escola. As notas baixas, os exercícios de "cópia para fixar formas ortográficas" são, entre outros, práticas de correção punitivas que pecam por desestimular a criança, ao mesmo tempo que não favorecem o desenvolvimento da consciência metalinguística (Colello, 2015, 2017, 2021b). Mais que impor a correção, o educador deveria encontrar meios para que a criança buscasse, por si só, as formas de bem escrever, sendo agente no processo de autocorreção. Quando a criança valoriza a escrita como meio de comunicação significativa (e não como objeto escolar) e percebe o erro como um entrave à exposição de suas ideias, o desejo de dominar o sistema torna-se maior do que os custos para consegui-lo. Em outras palavras, a correção é motivada pela consciência da sua necessidade e importância. Quando as práticas de correção se associam aos processos cognitivos (e não à mecânica da repetição inútil de palavras), a criança se torna mais disponível para compreender as regras e lidar com as arbitrariedades da língua escrita (Dutra, 2011; Gozzi, 2017).

Formação do estudante

O ensino da língua escrita favorece inúmeras oportunidades de trabalhos pedagógicos que deveriam ser viabilizados desde muito cedo, não apenas em nome do incentivo à escrita e leitura, como também como práticas de construção do conhecimento. Fazer da criança um estudante é enriquecer o seu universo de experiências, multiplicando, assim, os meios de aprendizagem e as formas de acesso ao conhecimento. Seja pela via tecnológica — com recursos eletrônicos, meios digitais e plataformas de ensino —, seja pela boa exploração de materiais impressos — como enciclopédias, dicionários e livros didáticos —, importa que a criança seja introduzida às práticas de: apresentação de seminários, estratégias de consulta e de organização de informação por meio de fichamentos, resumos, resenhas, uso de mapas e gráficos etc. Na prática isso significa uma potente e desejável associação entre aprender e aprender a ler e escrever.

Formação do pesquisador

A vida do estudante fica comprometida quando a escola, por meio de tantas exigências absurdas, rouba-lhe a curiosidade natural e o desejo de conhecer. Mais difícil do que passar de ano, concluir o ensino fundamental ou obter um diploma universitário é passar por toda trajetória escolar movido pelo gosto de saber e pela curiosidade de aprender. A alfabetização, associada às práticas de pesquisa, deve estar a serviço da ampliação de horizontes nas mais diversas áreas. Quando, ao contrário, ela se encerra em práticas vazias de significado (exercícios mecânicos para treino da ortografia ou das normas gramaticais), a criança acaba por se convencer de que a escola está distante de seu mundo.

Formação do ser pensante

Indiscutivelmente, o domínio da leitura e escrita propiciam uma série de facilidades na vida prática: tomar conduções, anotar endereços e telefones, assinar o nome, ler os rótulos de embalagens etc. Para além dessa aprendizagem relacionada às práticas do dia a dia, a escrita pode funcionar como um instrumento do psicológico (Vygotsky, 1987; Vygotski, 2000), pois subsidia as funções psicológicas superiores. Como exemplo, podemos citar as experiências de listar, comparar, classificar, sistematizar, ordenar, nomear etc. — situações que organizam o pensamento e reorganizam a compreensão de mundo, desenvolvendo formas mais abstratas de lidar com a realidade.

Formação do ser social

A língua escrita representa um meio de integração social, na medida em que estabelece novas possibilidades de comunicação e relacionamento com o mundo. No processo de letramento, o sujeito conquista um certo estado (Soares 1998, 2003a e b) que incide sobre novas formas de interação e atuação no seu meio, podendo se valer dessa condição como instrumento de poder, negociação, contestação, reivindicação, defesa, narração, descrição, questionamento etc. Na medida do possível, essas possibilidades devem ser progressivamente familiares àquele que aprende as primeiras letras. É nesse sentido que Colello (2014a, 2015, 2017) defende a alfabetização como a "constituição do sujeito interlocutivo". Ao assimilar esse estado de alteridade, o sujeito torna-se capaz de distanciar-se de si mesmo e do seu próprio texto para ler e escrever "com os olhos do outro" (Geraldi, 2009), adequando modos de se comunicar ou prevendo reações e respostas de seu interlocutor.

Formação pessoal

Tendo em vista todas as dimensões formativas do processo de aquisição da língua escrita, é possível finalmente chamar a atenção para o efeito constitutivo da linguagem sobre o indivíduo. Ao agir com e sobre a linguagem (inclusive com e sobre a escrita), a pessoa não só se torna capaz de interagir com o mundo, recriando continuamente a própria língua, como conquista um modo pessoal de se colocar na situação interlocutiva e, portanto, de se situar no mundo. Dito de outro modo, "todas as nossas relações com nossas condições de existência — com nosso ambiente natural e contextos sociais — só ocorrem semioticamente mediadas. Vivemos, de fato, num mundo de linguagens, signos e significações" (Faraco, 2009 p. 49). Ao entrar na corrente linguística, o sujeito internaliza uma consciência sígnica que, como parte essencial da sua identidade, lhe permite, entre outras coisas, relacionar-se com a própria existência (Bakhtin, 1988; Geraldi, 1996).

Ao atrelar o processo de alfabetização a tantos e tão complexos objetivos, não estaríamos complicando em demasia uma aprendizagem que tradicionalmente se resumia ao conhecimento de letras e de seus respectivos sons?

Muito pelo contrário, a alfabetização só tem sentido quando o "ensinar a ler e escrever" estiver subordinado ao princípio maior de "ensinar a língua escrita". Só por esse viés educativo é possível repensar o significado dessa aprendizagem no conjunto das conquistas infantis. Só por esse viés politicamente emancipador é possível redefinir o papel do professor, reconsiderar os procedimentos metodológicos e rever os materiais didáticos.

Revisão do material didático e de estratégias metodológicas na prática da alfabetização

Desde a ascensão do movimento construtivista, ocorrido a partir da década de 1980, as cartilhas, organizadas como um passo a passo para a alfabetização, foram progressivamente desaparecendo das salas de aula. Isso porque, ao situar a criança como protagonista na construção do conhecimento, os educadores foram convocados a abolir sistemas inflexíveis e preestabelecidos de ensino. Por sua vez, os aportes da abordagem histórico-cultural reforçaram essa tendência pela comprovação das relações entre o contexto de vida e a aprendizagem. Partindo do princípio de que a cultura da comunidade escolar permeia os processos cognitivos e os trabalhos em sala de aula, os discursos pedagógicos apelavam (e ainda apelam) para uma construção pedagógica sintonizada com o perfil dos alunos, apontando para a necessidade de professores pesquisadores de sua própria prática, conhecedores de suas turmas e, em particular, de seus alunos. No papel de mediador do conhecimento, os docentes, baseados no conceito de "desenvolvimento proximal" (Vygotsky, 1987), são levados a considerar o que os alunos sabem e o que precisam aprender com o propósito de construir a sua prática de ensino. Nesse contexto, o material didático, teoricamente, passa ser um apoio do fazer pedagógico e não mais o imperioso determinante de percursos.

Na contramão dessa corrente, a máquina editorial dos livros didáticos, atrelada à insegurança ou ao desamparo de muitos professores — considere-se aqui as tradições escolares fortemente arraigadas, os problemas de formação inicial e continuada, as precárias condições de trabalho dos professores, as expectativas das famílias, a fragilidade das equipes de apoio nas escolas, as pressões das avaliações internas e externas —, oferece sistemas de ensino genéricos (supostamente em sintonia com todo o território nacional e com as modernidades do nosso tempo), que prometem práticas eficientes, passíveis da recomendada flexibilidade. Por essa via, as cartilhas, embora oficialmente banidas da sala de aula (o próprio termo "cartilha" caiu em desuso), conseguem se perpetuar, em essência, em muitos materiais didáticos, recuperando os tradicionais princípios, concepções e metodologias, tal como argumenta Mortatti (2010, p. 338):

> As cartilhas continuam a ser amplamente utilizadas, explícita ou disfarçadamente, nas classes de alfabetização da rede pública de ensino, distanciando-se das orientações oficiais. Deve-se ressaltar que estrutura e sequência didática semelhantes às das cartilhas antigas que continuam a ser utilizadas podem ser também constatadas mesmo em cartilhas mais recentes, apresentadas como construtivistas ou socioconstrutivistas ou construtivistas-interacionistas. E podem ser constatadas ainda em livros de alfabetização aprovados pelas comissões de especialistas integrantes do Plano Nacional do Livro Didático, das quais também participam docentes de universidades públicas brasileiras que têm a atribuição de estabelecer critérios de avaliação desses livros, dentre os quais os aprovados são distribuídos às escolas públicas do país.

Para além da difusão renovada ou dissimulada das cartilhas em materiais e sistemas de ensino, outras duas ocorrências típicas contribuem/contribuíram para a permanência das "práticas cartilhescas" no ensino da escrita. Em primeiro lugar, vale mencionar o caso de pais (principalmente no período da pandemia) que, ansiosos por reforçar a aprendizagem ou recuperar supostas defasagens de seus filhos, tomam/tomaram a iniciativa de comprar cartilhas a fim de promover uma iniciativa paralela à escola (Colello, 2021a). Em segundo lugar, é possível mencionar as "folhinhas de atividades" paralelas e independentes do material didático adotado pela escola; são propostas de atividades pontuais (muitas vezes, como lição de casa) tão frequentes que já fazem parte da cultura escolar. Elas costumam ser oferecidas pelos professores a título de sistematização e treino de conteúdos ou habilidades. No caso da alfabetização, oferecem exercícios de caligrafia, de sistematização de famílias silábicas ou do sistema alfabético. A figura que se segue é um exemplo típico, colhido recentemente em uma escola de São Paulo:

É bem verdade que, como qualquer outro recurso técnico-didático, as atividades pedagógicas e os sistemas de ensino isolados não podem ser avaliados senão no contexto da sua aplicação. Independentemente da qualidade do material adotado, é preciso considerar o uso que se faz dele: bons materiais podem ser pessimamente aproveitados e obras didáticas de qualidade duvidosa podem ser compensadas pela genialidade de um grande mestre que sabe criar as melhores condições para a aprendizagem. No quadro muitas vezes caótico da educação brasileira, é preciso fazer justiça aos bons livros, professores e iniciativas pedagógicas; mas, admitamos, eles não são a maioria!

No caso das "atividades cartilhescas", a regra geral indica que elas perpetuam a prática do "saber doado", na qual o ponto de vista do aluno raramente é levado em conta. De fato, conforme se observa na atividade proposta e realizada por João, além de mecânica, é carente de estímulos à reflexão e à criatividade. A língua, didaticamente organizada, distancia-se das práticas sociais, isto é, das verdadeiras referências do repertório infantil. As sílabas, tomadas por si sós, dispensam a dimensão comunicativa da língua e o esforço de juntar letras para escrever palavras descontextualizadas atropela os processos cognitivos de construção da língua escrita.

Em muitos materiais didáticos, quando a preocupação do autor é única e exclusivamente alfabetizar, ficam de lado as funções e os propósitos sociais da escrita. A consequência disso se faz sentir nos seguintes aspectos:

- produção de textos artificiais, marcados por situações forçadas (eventualmente, irreais);
- frases soltas (sem compromisso com a coesão e a lógica textual);
- passagens redundantes (sem pluricemia, textos que perderam a riqueza própria da língua);
- textos desmotivantes que inviabilizam a antecipação inteligente de sentidos e significados e acabam por convencer o aluno de que a leitura é apenas mais um exercício monótono proposto pela escola.

Também com o objetivo de facilitar a compreensão e a leitura do alfabetizando, muitos materiais didáticos subestimam a criança porque apresentam estruturas pobres do ponto de vista sintático, isto é, que longe estão de promover a reflexão ou o enriquecimento linguístico daqueles que as utilizam. Tal como o que se fez no plano semântico, o produto obtido é o esvaziamento do texto e a descontextualização que imbeciliza e aprisiona a língua.

Do ponto de vista metodológico, é preciso ficar atento à predominância de exercícios mecânicos, monótonos, que desconsideram as diferenças individuais e desprezam as capacidades infantis — sua competência para a comunicação e linguagem (Molina, 1987). Essa crítica se enquadra perfeitamente na maioria das atividades de:

- preencher lacunas;
- transcrever sentenças;
- copiar palavras e sílabas;
- relacionar colunas;
- colocar o x na alternativa correta;
- fazer conforme o modelo;
- responder perguntas curtas e objetivas de compreensão literal do texto;
- sublinhar palavras específicas;
- dizer se é falso ou verdadeiro, certo ou errado etc.

Em comum, todas elas pecam nos seus fundamentos pedagógicos, pois, ao fornecer os modelos paradigmáticos, insistir na sua repetição, evitar o erro e forçar a resposta correta, não estamos necessariamente garantindo a aprendizagem. Muito pelo contrário, quando a proposta de atividade vem desacompanhada de entendimento, desafio ou motivação, o aluno acaba desenvolvendo mecanismos de resposta para escapar às armadilhas do que é solicitado pelas atividades, mascarando, assim, a efetiva aprendizagem.

Em síntese, pode-se dizer que nem sempre ele é convidado a se manifestar de modo criativo, podendo errar, aprender com o seu erro e fazer da sua competência de falante um trampolim para o desenvolvimento da escrita. Os desafios de produzir e interpretar textos ficam perdidos na sucessão de exercícios previamente elaborados que não dão ao aluno a chance de evoluir por si só nem de ter dúvidas diferentes das que foram previstas pelo sistema. São práticas absurdas, que cansam as mãos e os olhos e gastam o tempo, mas não geram reflexão, muito menos contribuem para o enriquecimento do universo infantil.

Muitos materiais didáticos perpetuam paradoxos que não podem ser desconsiderados pelo professor: são livros que, pretendendo ensinar a ler e a escrever, partem de uma concepção reducionista de língua, incompatível com a formação efetiva de leitores e produtores textuais; trata-se de recursos didáticos que, mesmo visando a aprendizagem, desconsideram os pontos de vista de quem aprende; são modelos de língua que atropelam os significados e rompem com as formas de expressão; são recursos educativos que traem os propósitos da formação humana na medida em que oprimem e contribuem para a massificação do sujeito.

Não obstante são, na maior parte das vezes, os únicos recursos de que as crianças dispõem para tomar contato com a língua escrita e compreender o seu significado.

Quais seriam as alternativas?

Para atender diretamente o aluno que se alfabetiza, inúmeros educadores, no esforço para superar as tradicionais práticas de ensino, têm programado suas aulas a partir de textos não escolarizados, mas com efetivos propósitos sociais, eventualmente redigidos pelas próprias crianças ou por elas ditados. As experiências de ver registrado no papel a sua fala, textos construídos pelo e para o grupo com informações e conteúdos relevantes para a turma (o "relatório" sobre um passeio realizado, o registro de casos ou histórias contadas pelas crianças etc.) parecem ser decisivas na construção aprendizagem. É surpreendente notar como a conquista da leitura e da escrita pode ser (mais bem) operacionalizada pelo efetivo uso da língua.

[...] se o ensino deve ajudar o processo de construção de significados e sentidos efetuados pelo aluno, a característica básica que deve cumprir para realmente realizar sua função é a de estar de alguma maneira vinculada, sincronizada a esse processo de construção. [...] A condição básica para que a ajuda educacional seja eficaz e possa realmente atuar como tal é, portanto, a de que essa ajuda se ajuste à situação e às características que, a cada momento, a atividade mental construtiva do aluno apresentar. (Onrubia, 2006, p. 124-125)

Em vez de limitar as experiências de leitura-escrita a um único livro didático, especificamente preparado para esse fim, os construtivistas têm apostado na diversificação de oportunidades reais de uso da língua, acreditando no seu potencial significativo, contextualizado e naturalmente motivador. É assim que as crianças aprendem a ler e a escrever lendo e escrevendo. Na prática, elas podem brincar com letras móveis e com jogos de palavras; colecionar trava-línguas ou ditar para alguém histórias, canções e poemas ou acompanhar o professor na leitura de artigos, livrinhos infantis e até receitas de bolo. Em qualquer uma das situações, o que prevalece é a possibilidade de criação, o valor da descoberta, o espírito lúdico, o mérito do esforço para construir e reconstruir hipóteses e a troca interativa de ideias entre colegas, aspectos que favorecem a construção do conhecimento (Brandão e Rosa, 2021; Boniek, Romagnani e Shudo, 2023; Colello, 2017, 2021a e b; Colello *et al.*, 2013; Coll *et al.*, 2006; Ferreira e Rosa, 2012; Lerner, 2002; Soares, 2020; Teberosky e Colomer, 2003).

Origens e descaminhos da alfabetização construtivista

O construtivismo nasceu dos estudos de Piaget. Embora eles estivessem à disposição desde a década de 1930, a apropriação da língua escrita pela criança permanecia nebulosa para os educadores, que raramente tentavam conciliar o processo de ensino à elaboração cognitiva típica do sujeito-aprendiz.

No final da década de 1970, a divulgação das pesquisas lideradas por Emilia Ferreiro (Ferreiro, 1984, 1986 a,b, 1987; Ferreiro e Teberosky, 1986; Teberosky, 1990; Teberosky e Cardoso, 1990; Rego, 1985; Ferreiro e Palacio, 1987; Leite e Medeiros, 1987) representou um avanço decisivo para a compreensão da psicogênese da língua escrita, inaugurando, assim, novas concepções sobre o processo de alfabetização. O mérito desses trabalhos foi descrever a evolução das concepções infantis nos seus modos de produção e de interpretação, bem como os conflitos e hipóteses que motivam a conquista desse saber.

Tal como seu mestre Piaget e como tantos outros teóricos, Emilia Ferreiro dedicou-se à pesquisa psicológica básica — uma tentativa de compreender como a criança constrói conhecimento, obtendo resultados que não nos permitem a passagem direta para o objeto pedagógico, isto é, a transposição didática. Em função disso, a autora muito se esforçou para demonstrar que o bom aproveitamento dos princípios construtivistas requer, antes de tudo, a distinção entre o objeto psicológico teórico e o fazer em sala de aula:

> Quando iniciamos com Ana Teberosky e outras pessoas as pesquisas sobre a psicogênese da língua escrita, tínhamos uma preocupação e também uma esperança educativa: que ela servisse para contribuir à solução do problema das crianças que fracassam na escola. Mas tínhamos também um certo medo com relação ao que iria acontecer no contexto escolar com os resultados alcançados pela pesquisa. Há uma diferença evidente entre as necessidades de uma pesquisa básica e as de uma prática educativa: as certezas na pesquisa básica são sempre poucas e o pesquisador sabe que se trata de verdades provisórias, no âmbito educativo, em contra-

partida, por razões que nem sempre têm a ver com os próprios educadores, mas sim com o contexto no qual se desenvolve a ação e com as expectativas sociais a ela vinculadas — esperam-se certezas, e não verdades provisórias. Além disso, as certezas de que necessita um educador são muito mais numerosas do que as que ele encontra à sua disposição.

Quando um autor publica alguma coisa, quando põe a serviço público um resultado de pesquisa, sabe que isso necessariamente vai ser assimilado pelos usuários, e que muitas coisas acontecem durante esses processos de assimilação, a tal ponto que em alguns casos aquele autor já não se reconhece mais [...] É natural [...] que os educadores tenham feito — também no caso da língua escrita — essa transferência direta do psicológico ao pedagógico, que não tenham esperado que a investigação avançasse mais para se apropriarem dos resultados. Isso é perfeitamente explicável pela situação de urgência educacional na América Latina e porque, quando a pedagogia descobre, através da investigação, uma certeza, ou quase certeza, que lhe resulta instrumental, já que lhe dá novos olhos para ver a realidade, é lógico que trate de implementar diretamente essa descoberta. Mas agora, passados alguns anos de experiência, é evidente que o que é uma construção teórica psicológica não deve ser confundida com um objetivo pedagógico. Os objetivos pedagógicos envolvem essas conceptualizações psicológicas sem se confundirem com elas. (Ferreiro, 1990, p. 35-36).

A transposição da teoria à prática vem sendo, desde então, um dos temas mais polêmicos entre os educadores. Ansiosos por renovar práticas obsoletas e ineficazes, dando respostas rápidas aos quadros de analfabetismo e à dificuldade de aprendizagem, muitos professores acabaram se perdendo em práticas pouco fundamentadas. Em outras palavras, fez-se da pesquisa básica (teórica) o próprio conhecimento pedagógico, das verdades provisórias da pesquisa científica as certezas do professor — que, involuntariamente, acabou se mantendo à parte do esforço investigativo.

Independentemente das muitas experiências construtivistas de sucesso, somos obrigados a admitir que a surpreendente difusão do construtivismo na América Latina e em alguns países da Europa não foi acompanhada do esperado avanço qualitativo de aprendizagem. Entre tantos fatores responsáveis pela dificuldade de aplicação dessa proposta de trabalho, podemos apontar para o tradicional descaso com a educação que assola a maioria dos países latino-americanos. A consequência disso se faz sentir na falta de verbas para o ensino, na carência de condições físicas e materiais das escolas e, acima disso, na inexistência de uma política de formação, atualização e preparo dos professores, que, na maior parte das vezes, esbarram nas raízes rançosas da escola tradicional, sem saber exatamente o que fazer ou para onde ir.

Assim, o construtivismo deu origem a diversas práticas bastante diferentes. O que ficou evidente, desde o início dos anos 1980, é que não há um modelo a seguir porque, pela natureza da proposta e sobretudo pela sua preocupação em ajustar o ensino ao indivíduo que aprende, o que é válido em um caso, para um grupo de alunos e em um determinado contexto não necessariamente se aplica, com a mesma eficiência, a grupos distintos.

Na tentativa de se ajustarem, algumas experiências promissoras acabaram contrariando até mesmo os princípios básicos da construção do conhecimento. Para muitos educadores, o "construtivismo" foi tomado como panaceia universal, um mero ativismo pedagógico do "fazer-diferente-em-sala-de-aula", sem que as inovações alterassem de fato a essência da relação ensino-aprendizagem. Outros, igualmente bem intencionados, limitaram-se a adotar práticas superficiais, tais como promover trabalhos em grupo, abandonar a cartilha, não corrigir os

Alfabetização em questão

cadernos com caneta vermelha, abordar apenas o que é de interesse da criança, dar liberdade total ao aluno em sala de aula ou, ainda, deixar a criança escrever o que quiser, como quiser e por tempo indeterminado. Enfim, não seria um exagero dizer que, em nome de Piaget ou de Emilia Ferreiro, muitos deslizes pedagógicos foram cometidos.

Na tentativa de sintetizar e colocar em evidência as principais distorções entre as proposições construtivistas e a transposição delas para as práticas pedagógicas, Colello e Luiz (2005) apresentaram o seguinte quadro:

PROPOSIÇÕES CONSTRUTIVISTAS	TENDÊNCIAS EQUIVOCADAS E REDUCIONISTAS DA TRANSPOSIÇÃO PEDAGÓGICA
Evolução psicogenética entendida como um processo ativo e pessoal de elaboração cognitiva, com base nas experiências vividas.	• Ausência de intervenções pedagógicas para não "atrapalhar" o processo individual de aprendizagem, isto é, sem a preocupação de propor experiências ou contextos favoráveis à construção do conhecimento.
Construção do conhecimento baseada em condições favoráveis para o envolvimento pessoal, a elaboração e testagem de hipóteses, a possibilidade de descoberta e a apropriação do saber significativo. Um ensino capaz de respeitar o tempo de aprendizagem, as experiências e os conhecimentos já construídos pela criança, compreendendo o erro como parte desse processo de aprendizagem.	• Prática pedagógica como um ativismo didático de duração imprevisível, não necessariamente colocando a criança como foco da intervenção didática. • Desconsideração do planejamento. • Aceitação de qualquer tipo de erro sem o esforço interpretativo para compreender a sua "lógica" ou para transformá-lo em um recurso para a superação das dificuldades.
Identificação de momentos conceituais de compreensão e produção da escrita: pré-silábico, silábico, silábico-alfabético e alfabético.	• Divisão da classe ou de subgrupos de trabalho "por níveis". • Planejamento e proposição de "atividades por níveis". • Pretensão de hierarquizar a aprendizagem em "etapas", induzindo a progressão do conhecimento partindo da sucessão dos "níveis" descritos. • Avaliação da aprendizagem unicamente com base nos "níveis", em uma tentativa de "classificar" as crianças e seus saberes sobre a escrita.

▶ Escrita espontânea como oportunidade de produção significativa para a reflexão linguística e para a constituição da autoria (o aprendiz-autor).	• Deixar a criança escrever livremente, sem interferências por tempo indeterminado e sem propósitos ou destinatários definidos. • Evitar a correção ou qualquer forma de revisão textual.
Interlocução como recurso para a troca de informações e desestabilização das hipóteses construídas, favorecendo a possibilidade de avanço.	• Promoção de trabalhos em grupo, supondo a interlocução como consequência necessária do "agrupamento de pessoas".
Escrita do nome próprio como conhecimento significativo que pode funcionar como um referencial estável de escrita na tentativa de outras produções ou de reflexão sobre a língua.	• Ensino do nome próprio como a primeira lição do ano e pré-requisito para as demais aprendizagens.
Para aproximar a língua de seus usos sociais, estímulo ao uso de vários portadores textuais, em diferentes possibilidades de uso, funções ou gêneros de escrita.	• Composição de livros didáticos que, pretendendo substituir as cartilhas, agrupam diferentes tipos textuais, mas não asseguram as especificidades do portador nem as reais situações de uso. • Trabalhar só com textos em detrimento de uma reflexão mais sistemática sobre o funcionamento do sistema.
Reflexão sobre a escrita para o avanço na compreensão do funcionamento desse sistema linguístico.	• Trabalhar com textos só depois de "dominada" a escrita alfabética.

Quarenta anos depois das primeiras publicações de Ferreiro e seus colaboradores, não se pode dizer que a postura construtivista tenha sido efetivamente assimilada. Daí o interesse em retomar os princípios de transposição didática e os desafios da prática construtivista.

Princípios da transposição didática

Contrariando as expectativas mais ingênuas, é bom lembrar que nenhuma teoria constitui uma solução efetiva e definitiva para todos os problemas ou contextos da prática pedagógica. A realidade educacional na América Latina, sobretudo no Brasil, requer um esforço político para valorizar a educação e a distribuição equitativa dos bens culturais, o que extrapola as orientações de caráter estritamente psicológico, pedagógico ou didático. E, mesmo considerando a esfera estritamente escolar, vale ainda dizer que nenhuma boa teoria substitui o carinho de uma professora por seus alunos, sua disponibilidade, confiança e vontade de acertar. Uma boa teoria não elimina trabalho nem o facilita; não dispensa a criatividade nem o bom senso; não anula a necessidade de planejar e avaliar, de ensinar e aprender, de admitir os erros e tentar corrigi-los.

Ainda assim, vale perguntar: se o construtivismo não é um método, nem um material didático específico, nem o assentamento de procedimentos metodológicos predeterminados ou estratégias específicas em sala de aula, como essa teoria se relaciona com a prática pedagógica?

Ferreiro (2001a) explica que os estudos realizados por Piaget ("pai do construtivismo") lançaram novas lentes para a compreensão dos processos cognitivos, desvelando mecanismos de conhecimento que antes permaneciam obscuros. Ao mudar as perguntas que norteavam nosso olhar sobre as crianças, mudamos a compreensão sobre o processo educativo:

> Piaget epistemólogo: em vez de qual é a natureza do conhecimento, propõe-nos: como se passa de um estado de "menor" conhecimento para um estado de "maior" conhecimento? Piaget psicólogo: em vez de quando, em que idade, com quanta frequência ou sob que condições uma criança resolve este ou aquele problema, propõe-nos a considerar com maior atenção as respostas imprevistas como a principal via de acesso aos mecanismos de formação das noções e aos modos de ter acesso à compreensão do "real" (p. 36).

Isso posto, pode-se dizer que o construtivismo afeta a prática pedagógica na medida em que lança um convite aos educadores para compreender o aluno como sujeito ativo no processo de aprendizagem; para considerar o ponto de vista das crianças sobre os diversos aspectos da realidade; para rever as tradicionais práticas de ensino e, mais uma vez, refletir sobre o papel do professor, os princípios da construção do conhecimento e as possibilidades de modificação do nosso cenário pedagógico, mas também social e político. É preciso reassumir o controle da ação educativa, estabelecendo uma sintonia entre os processos de ensino e os de aprendizagem (Weisz e Sanchez, 2002). Ao conhecer a criança que aprende e como o faz, o professor pode voltar às práticas pedagógicas para desestabilizar seus conhecimentos prévios, na busca de conhecimentos mais avançados e próximos do saber convencional.

Desafios da prática de alfabetização

Muitos são os desafios para aquele que se propõe alfabetizar.

Em primeiro lugar, devemos considerar, como já foi dito, a necessidade de conhecer melhor o aluno e os processos cognitivos próprios da criança para melhor adaptar a ação pedagógica às particularidades, significados e necessidades daquele que aprende. A interferência pedagógica eficaz depende fundamentalmente desse conhecimento.

Em segundo lugar (mas em estrita ligação com o primeiro desafio), impõe-se a necessidade de promover um clima pedagógico facilitador do processo de aprendizagem, sobretudo pela "alimentação" da curiosidade do ser humano, o que se traduz no gosto pelo saber e na busca ativa do conhecimento. O melhor clima educacional é aquele que abre horizontes, desvenda temas, instaura perguntas e desequilíbrios capazes de convocar o indivíduo a encarar o mundo com diferentes olhares. A aprendizagem requer uma postura de abertura, de interlocução e de intercâmbio, nas quais abdicamos das nossas concepções mais primitivas, admitindo suas contradições e fraquezas, para considerar outras possibilidades mais evoluídas, tantas quanto forem possíveis em cada estágio do saber e do desenvolvimento. Tudo isso se torna possível quando o educador conseguir romper com o artificialismo pedagógico que insiste em distanciar a criança do seu mundo. Esse terceiro desafio diz respeito ao significado da aprendizagem e sobretudo ao valor da descoberta. Quando os educadores derem menos importância aos conhecimentos *a priori*, já instituídos e formalizados nos materiais didáticos, e puderem tratá-los de acordo com a ótica infantil, o aluno será respeitado no seu tempo de reconstrução do conhecimento e o seu esforço investigativo (hipóteses, dúvidas, perguntas e tentativas de acerto) será coroado pelo significado das novas conquistas. Cumpre, pois, distinguir as duas perspectivas do saber humano (a adulta e a infantil), que explicam a natureza essencialmente construtiva do processo de conhecimento:

> Em uma perspectiva adulta, formal, já constituída (ainda que em constante reformulação), sabemos, por exemplo, que há um conhecimento sobre leitura e escrita a ser transmitido. Trata-se de um conhecimento socialmente produzido e acumulado, cuja transmissão precisa ser feita ou repetida naqueles que ainda não sabem ler ou escrever. Ora, em uma perspectiva "infantil", informal, ainda não constituída minimamente enquanto tal, a escrita não é, mas se toma como um sendo para alguém. Para este, não se tratará de descrever uma forma de ler ou escrever já praticada, mas de refazer (ainda que de forma abreviada) esta história nele e através de ações ou objetos (ou dos termos que os representam) que fazem sentido para ele. Assim, poder-se-ia dizer que quando "nasce" um escritor também "nasce" uma escrita, quando "nasce" um leitor também "nasce" um texto, mesmo que, para outros, estes (o texto e a escrita) já fossem constituídos. (Macedo, 1994, p. 46)

Assim, mais do que o produto, importa levar em conta o processo, isto é, o percurso de elaboração mental. Nele, o aluno acaba acessando seus esquemas assimilativos e suas concepções prévias para produzir um conhecimento efetivamente seu. Da ótica piagetiana (Piaget, 1978, 1987), o conhecimento é produto de uma ação efetiva do sujeito, que age com palavras, gestos, suposições, tentativas, experimentações, comprovações e reformulações. Trata-se de ações espontâneas e não induzidas — ações inteligentes e criativas (ainda que distantes do saber ou proceder adulto institucionalizado) que tornam possível o processo de aprendizagem.

Por último, fica o desafio de transformar todos esses princípios em interferências práticas facilitadoras da aprendizagem. Na ausência de regras ou de "receitas didáticas", podemos elencar algumas diretrizes norteadoras do fazer em sala de aula:

- Tal como na escola tradicional, o professor construtivista deve ser um profundo conhecedor do que ensina; mas, nesse caso, não se trata de saber para apresentar didaticamente o conteúdo, mas para problematizar, levantar novas hipóteses, sistematizar ideias já descobertas e, sobretudo, gerar novos desequilíbrios e conflitos cognitivos. A prática do "saber doado" cede espaço para um "saber refletido e efetivamente conquistado".
- Na tentativa de valorizar a ação construtiva, é preciso recorrer a experiências diversificadas e situações-problema, de preferência lúdicas e contextualizadas, mas sempre reguladas de acordo com uma margem de dificuldade: as atividades propostas devem ser suficientemente fáceis para que possam ser realizadas, mas, ao mesmo tempo, suficientemente difíceis para representar um desafio, um questionamento, dilema ou interrogação a ser resolvido. Mais uma vez, a possibilidade de fazer uso pedagógico da zona de desenvolvimento proximal requer um profundo conhecimento dos alunos pelo seu professor.

- Durante todo o processo de ensino, o professor é, sem dúvida, um informante precioso, mas certamente não o único. Ao lado dele, todos os elementos do grupo, da escola ou da comunidade são agentes indispensáveis de informação. Quando todas as crianças são estimuladas a descobrir caminhos, a classe é enriquecida pela multiplicidade de "informantes" e o professor deixa de ser o "dono da verdade".
- Ao contrário do que pensam muitos educadores, a heterogeneidade do grupo é um importante recurso pedagógico, capaz de criar uma dinâmica propícia ao ensino na medida em que sustenta o tripé fundamental da educação: questionar, aprender e ensinar.
- No contexto da prática escolar, não há receitas capazes de garantir a construção do conhecimento. Emilia Ferreiro (1990, 2003, 2013) nos explica que a grande novidade da prática construtivista não está, necessariamente, na invenção de estratégias inéditas, mas no modo de conduzir as atividades. Nesse sentido, todas elas, mesmo as mais tradicionais, podem ser recuperadas e aplicadas num contexto renovador. O ditado — atividade típica da escola tradicional realizada para conferir o erro dos alunos — pode ganhar outro sentido pedagógico em uma escrita coletiva (quando as crianças ditam um texto para a professora para compor um texto da turma) ou no ditado realizado em duplas de crianças (quando elas são levadas a discutir e negociar uma proposta notacional ou discursiva).

O que faz diferença é o modo como elas entram em cena numa sala de aula: como protagonistas na construção do conhecimento. O que faz a maior diferença é a postura do educador que conhece, respeita e estimula o processo de aprendizagem. Mais que instrutor, ele se assume também e sobretudo como mediador e pesquisador da educação, construtivista consigo mesmo e com o seu trabalho.

9

Alfabetização e letramento

Se, no início da década de 1980, os estudos acerca da psicogênese da língua escrita levaram aos educadores o entendimento de que a alfabetização, longe de ser a apropriação de um código, envolve um complexo processo de elaboração de hipóteses a respeito da representação linguística, os anos que se seguiram — com a emergência dos estudos sobre o letramento — foram igualmente férteis pela compreensão da dimensão sociocultural da língua escrita e de seu aprendizado. Em estreita sintonia, ambos os movimentos, nas suas vertentes teórico-conceituais, romperam definitivamente com a segregação dicotômica entre o sujeito que aprende e o professor que ensina. Romperam também com o reducionismo que delimitava a sala de aula como o único espaço de aprendizagem.

Reforçando os princípios antes propalados por Vigotski e Piaget, a aprendizagem se processa em uma relação interativa entre o sujeito e a cultura em que vive. Isso quer dizer que, ao lado dos processos cognitivos de elaboração absolutamente pessoal (ninguém aprende pelo outro), há um contexto que não só fornece informações específicas ao aprendiz, como também motiva, dá sentido e "concretude" ao aprendido e ainda condiciona suas possibilidades efetivas de aplicação e uso nos contextos vividos. Entre o ser humano e os saberes próprios de sua cultura, há que se valorizar os inúmeros agentes mediadores da aprendizagem (não só o professor nem só a escola, embora estes sejam agentes privilegiados pela sistemática pedagogicamente planejada, pelos objetivos e intencionalidades assumidos).

Tendo sido situadas, no capítulo anterior, as implicações da psicogenética para o ensino da língua escrita, o objetivo do presente capítulo é apresentar o impacto dos estudos sobre o letramento nas práticas alfabetizadoras.

Capitaneada pelas publicações de Angela Kleiman (1995), Magda Soares (1995, 1998) e Tfouni (1995), o conceito de letramento contribuiu para redimensionar a compreensão que hoje temos sobre: a) as dimensões do aprender a ler e a escrever; b) o desafio de ensinar a ler e a escrever; c) o significado de aprender a ler e a escrever; d) o quadro da sociedade letrada no Brasil; e) os motivos pelos quais tantos deixam de aprender a ler e a escrever; f) as próprias perspectivas das pesquisas sobre letramento.

As dimensões do aprender a ler e a escrever

Durante muito tempo a alfabetização foi entendida como mera sistematização do B + A = BA, isto é, como a aquisição de um código fundado na relação entre fonemas e grafemas. Em uma sociedade constituída em grande parte por analfabetos e marcada por reduzidas práticas de leitura e escrita, a simples consciência fonológica, que permitia aos sujeitos associar sons e letras para produzir/interpretar palavras (ou frases curtas), parecia ser suficiente para diferenciar o alfabetizado do analfabeto.

Com o tempo, a superação do analfabetismo em massa e a crescente complexidade de nossas sociedades fizeram surgir maiores e mais variadas práticas de uso da língua escrita. Tão fortes são os apelos que o mundo letrado exerce sobre as pessoas que já não lhes basta a capacidade de desenhar letras ou decifrar o código na leitura. Seguindo a mesma trajetória dos países desenvolvidos, o final do século 20 impôs a praticamente todos os povos a exigência da língua escrita não mais como meta de conhecimento desejável, mas como verdadeira condição para a sobrevivência e para a conquista da cidadania. Foi no contexto das grandes transformações culturais, sociais, políticas, econômicas e tecnológicas que o termo "letramento" surgiu[25] ampliando o sentido do que tradicionalmente se conhecia por alfabetização (Soares, 1998, 2003, 2004).

Hoje, tão importante quanto conhecer o funcionamento do sistema de escrita é se engajar em práticas sociais letradas, respondendo aos inevitáveis apelos da cultura grafocêntrica. Assim, "enquanto a alfabetização se ocupa da aquisição da escrita por um indivíduo, ou grupo de indivíduos, o letramento focaliza os aspectos sócio-históricos da aquisição de uma sociedade" (Tfouni, 1995, p. 20).

Com a mesma preocupação de diferenciar as práticas escolares de ensino da língua escrita e a dimensão social das várias manifestações escritas em cada comunidade, Kleiman (1995), apoiada nos estudos de Scribner e Cole, define o letramento como

> [...] um conjunto de práticas sociais que usam a escrita, enquanto sistema simbólico e enquanto tecnologia, em contextos específicos. As práticas específicas da escola, que forneciam o parâmetro de prática social segundo a qual o letramento era definido, e segundo a qual os sujeitos eram classificados ao longo da dicotomia alfabetizado ou não alfabetizado, passam a ser, em função dessa definição,

---

25. O termo "letramento" foi usado pela primeira vez por Mary Kato, em 1986, na obra *No mundo da escrita — Uma perspectiva psicolinguística*. Dois anos depois, passa a representar um referencial no discurso da educação, ao ser definido por Tfouni em *Adultos não alfabetizados — O avesso do avesso* (São Paulo, Pontes) e retomado em publicações posteriores. Finalmente, a palavra foi dicionarizada por Antônio Houaiss em 2001.

apenas um tipo de prática — de fato, dominante — que desenvolve alguns tipos de habilidades mas não outros, e que determina uma forma de utilizar o conhecimento sobre a escrita. (p. 19)

Mais que expor a oposição entre os conceitos de "alfabetização" e "letramento", Soares (2003) valoriza o impacto qualitativo das práticas sociais de língua no sujeito, extrapolando a dimensão técnica e instrumental do puro domínio do sistema de escrita:

> Alfabetização é o processo pelo qual se adquire o domínio de um código e das habilidades de utilizá-lo para ler e escrever, ou seja: o domínio da tecnologia — do conjunto de técnicas — para exercer a arte e ciência da escrita.
>
> Ao exercício efetivo e competente da tecnologia da escrita denomina-se Letramento que implica habilidades várias, tais como: capacidade de ler ou escrever para atingir diferentes objetivos. (p. 91)

Ao permitir que o sujeito interprete, divirta-se, sistematize, confronte, relacione, induza, documente, informe, oriente-se, reivindique e garanta a sua memória, a possibilidade de efetivamente usar a escrita lhe garante uma condição diferenciada na sua relação com o mundo, um estado não necessariamente conquistado por aquele que apenas domina o código (Soares, 1998). Por isso, aprender a ler e a escrever implica não apenas o conhecimento das letras e do modo de decodificá-las (ou de associá-las), mas a possibilidade de usar esse conhecimento em benefício de formas de expressão e comunicação possíveis, reconhecidas, necessárias e legítimas em determinado contexto cultural (Arantes, 2010; Colello, 2010, 2015, 2017, 2020, 2021a e b; Ribeiro, 2003; Soares 1998, 2003, 2004, 2013, 2020). Em função disso, talvez a diretriz pedagógica mais importante no trabalho [dos professores], tanto na pré-escola quanto no ensino médio, seja a utilização da escrita verdadeira[26] nas diversas atividades pedagógicas, isto é a utilização da escrita, em sala, correspondendo às formas pelas quais ela é utilizada verdadeiramente nas práticas sociais. Nesta perspectiva, assume-se que o ponto de partida e de chegada do processo de alfabetização escolar é o texto: trecho falado ou escrito, caracterizado pela unidade de sentido que se estabelece numa determinada situação discursiva. (Leite, 2001, p. 25)

O desafio de ensinar a ler e a escrever

Partindo da concepção da língua escrita como sistema formal (calcado em convenções e normas de funcionamento), que se legitima pela possibilidade de uso efetivo nas mais diversas situações e para diferentes fins, somos levados a admitir o paradoxo inerente à própria língua: por um lado, um sistema regido por regras, suficientemente fechado e que não admite transgressões sob pena de perder a dupla condição de inteligibilidade e comunicação; por outro, um recurso suficientemente aberto que permite "tudo dizer", isto é, um sistema de produção linguística permanentemente disponível ao poder humano de criação (Geraldi, 1993).

Como conciliar essas duas vertentes da língua na prática de ensino? Na análise dessa questão, dois embates merecem destaque: o conceitual e o ideológico.

---

26. O autor utiliza a expressão "escrita verdadeira" em oposição a "escrita escolar", um modelo muitas vezes artificial, cujo reducionismo não faz justiça à multidimensionalidade da língua viva.

O embate conceitual

Tendo em vista a simultânea independência e interdependência entre alfabetização e letramento (processos paralelos[27], simultâneos ou não[28], mas que indiscutivelmente se complementam), alguns autores contestam a distinção de ambos os conceitos, defendendo um único e indissociável processo de aprendizagem (incluindo a compreensão do sistema e sua possibilidade de uso). Em uma concepção progressista de "alfabetização" (nascida em oposição às práticas tradicionais, a partir dos estudos psicogenéticos dos anos 1980), o processo de alfabetização deveria incorporar a experiência do letramento, razão pela qual esse termo não passaria de redundância em função de como o ensino da língua escrita já é concebido. Questionada formalmente sobre a "novidade conceitual" da palavra "letramento", Emilia Ferreiro (2003, p. 30) explicita assim a sua rejeição ao uso do termo:

> Há algum tempo, descobriram no Brasil que se poderia usar a expressão letramento. E o que aconteceu com a alfabetização? Virou sinônimo de decodificação. Letramento passou a ser o estar em contato com distintos tipos de texto, o compreender o que se lê. Isso é um retrocesso. Eu me nego a aceitar período de decodifi-

---

27. Como evidência desse paralelismo, é possível, por exemplo, afirmar que existem pessoas letradas e não alfabetizadas (indivíduos que, mesmo incapazes de ler e escrever, compreendem os papéis sociais da escrita, distinguem gêneros ou reconhecem as diferenças entre a língua escrita e a oralidade) e pessoas alfabetizadas e pouco letradas (aquelas que, mesmo dominando o sistema da escrita, pouco vislumbram suas possibilidades de uso) (Soares, 1998).
28. Em uma sociedade como a nossa, o mais comum é que a alfabetização seja desencadeada por contextos de letramento, tais como ouvir histórias, observar cartazes, conviver com práticas de troca de correspondência etc. No entanto, é possível que indivíduos com baixo nível de letramento (não raro, membros de comunidades analfabetas ou provenientes de meios com reduzidas práticas de leitura e escrita) só tenham a oportunidade de vivenciar tais eventos ao ingressar na escola, com o início do processo formal de alfabetização.

cação prévio àquele em que se passa a perceber a função social do texto. Acreditar nisso é dar razão à velha consciência fonológica.

Note-se, contudo, que a oposição da referida autora se circunscreve estritamente ao perigo da dissociação entre aprender a escrever e usar a escrita ("retrocesso" porque representa a volta da tradicional compreensão instrumental da escrita). Como árdua defensora de práticas pedagógicas contextualizadas e significativas para o sujeito, Emilia Ferreiro, tal como os estudiosos do letramento, apela para o resgate das efetivas práticas sociais de língua escrita, o que faz da oposição entre eles um mero embate conceitual.

Tomando os dois extremos (priorizar a aprendizagem do sistema ou privilegiar as práticas sociais de uso da língua escrita) como ênfases nefastas à aprendizagem da língua escrita, Soares (2003, p. 90) defende a complementaridade e o equilíbrio entre ambos e chama a atenção para o valor da distinção terminológica:

> Porque alfabetização e letramento são conceitos frequentemente confundidos ou sobrepostos, é importante distingui-los, ao mesmo tempo que é importante também aproximá-los: a distinção é necessária porque a introdução, no campo da educação, do conceito de letramento tem ameaçado perigosamente a especificidade do processo de alfabetização; por outro lado, a aproximação é necessária porque não só o processo de alfabetização, embora distinto e específico, altera-se e reconfigura-se no quadro do conceito de letramento, como também este é dependente daquele.

Assim como a autora, é preciso reconhecer o mérito teórico e conceitual de ambos os termos. Balizando o movimento pendular das propostas pedagógicas (não raro transformadas em modismos banais e mal assimilados), a compreensão que hoje temos do fenômeno do letramento presta-se tanto para banir definitivamente as práticas mecânicas de ensino instrumental, como para repensar a especificidade da alfabetização. Na ambivalência dessa revolução conceitual, encontra-se o desafio dos educadores em face do ensino da língua escrita: o alfabetizar letrando (Soares, 1998, 2003, 2004) ou alfaletrar (Soares, 2020).

Em síntese, embora as duas autoras defendam que o ensino da língua escrita deva ocorrer em estreita sintonia com a participação do sujeito nas práticas sociais de ler e escrever no seu mundo, Ferreiro rechaça o conceito de letramento, defendendo uma concepção de alfabetização suficientemente abrangente para denotar aprendizagem do sistema e do uso da língua no contexto da cultura escrita. Soares, por sua vez, acredita que vale a pena separar os dois conceitos — alfabetização e letramento — justamente para que se possa ter clareza das duas dimensões indissociáveis desse aprendizado: conhecer o sistema de escrita e ser capaz de utilizá-lo de diferentes formas e para diferentes fins.

O embate ideológico

Mais severo que o embate conceitual, a oposição entre os dois modelos de língua descritos por Street (1984)[29] representa um posicionamento radicalmente diferente, tanto no que diz respeito às concepções implícita ou explicitamente assumidas, quanto no que tange à prática pedagógica por elas sustentadas.

O "modelo autônomo", predominante em nossa sociedade, parte do princípio de que, independentemente do contexto de produção, a língua tem uma autonomia (resultado de uma lógica intrínseca), que só pode ser apreendida por um processo único, em geral associado ao sucesso e desenvolvimento próprios de grupos "mais civilizados".

---

[29]. Para um estudo mais aprofundado dos modelos "autônomo" e "ideológico" descritos por Street, remetemos o leitor à leitura de Kleiman (1985).

Contagiada pela ideia de que o uso da escrita só é legítimo se atrelado ao padrão elitista da "norma culta" — e que esta, por sua vez, pressupõe a compreensão de um padrão linguístico regido por regras inflexíveis —, a escola tradicional sempre pautou o ensino pela progressão ordenada de conhecimentos: aprender a falar a língua dominante, assimilar as normas do sistema de escrita para, um dia (possivelmente em um futuro distante), fazer uso desse sistema em manifestações previsíveis e valorizadas pela sociedade.

Trata-se de uma prática reducionista pelo viés linguístico e autoritária pelo significado político; uma metodologia etnocêntrica que, pela desconsideração do aluno, mais se presta a alimentar o quadro do fracasso escolar.

Em oposição, o "modelo ideológico" admite a pluralidade das práticas linguísticas, valorizando o seu significado cultural e contexto específico de produção. Por esse viés, é possível respeitar as inúmeras variantes da língua, entendendo que todas elas têm a sua legitimidade em dado meio sociocultural. Assim, pode-se admitir, entre tantas outras variáveis dialetais, a linguagem científica na universidade e a linguagem dos surfistas compartilhada pelos praticantes dessa modalidade esportiva.

Pautando-nos por essa concepção, é possível também romper definitivamente com a divisão entre o "momento de aprender" e o "momento de fazer uso da aprendizagem", propondo a articulação dinâmica e reversível[30] entre "descobrir a escrita" (conhecimento de suas funções e formas de manifestação), "aprender a escrita" (compreensão das regras e modos de funcionamento) e "usar a escrita" (cultivo de suas práticas a partir de um referencial culturalmente significativo para o sujeito). O esquema

---

30. Dinâmica porque pressupõe o movimento intenso de um polo ao outro; reversível porque a experiência em qualquer um dos polos remete ao amadurecimento nos demais.

a seguir pretende ilustrar a integração das várias dimensões do aprender a ler e escrever no processo de alfabetizar letrando:

ALFABETIZAR LETRANDO — Descobrir a escrita / Usar a escrita / Aprender a escrita

O significado de aprender a ler e a escrever

Ao permitir que as pessoas cultivem os hábitos de leitura e escrita e respondam aos apelos da cultura grafocêntrica, sendo capazes de se inserir criticamente na sociedade, a aprendizagem da língua escrita deixa de ser algo estritamente pedagógico para se alçar à esfera de formação humana. A fim de explicar o impacto transformador da alfabetização no sujeito, Colello (2020) chama a atenção para as dimensões:

- linguística: a constituição do sujeito-autor e intérprete, tal como previsto por Bakhtin (1992);
- intrapessoal: a escrita como instrumento auxiliar do pensamento, alavancando o desenvolvimento das funções psicológicas superiores, tais como classificar, registrar, catalogar, confrontar, planejar ou sistematizar dados (Vygotsky, 1987);
- interpessoal: a conquista de um novo estado ou condição do sujeito nas suas relações com a sociedade (Soares, 1998, 2003);

- política: a emergência de novos olhares sobre a sociedade, inaugurando formas de ação, recriação e transformação do seu mundo (Freire, 1987, 1989).

Na mesma linha de argumentação, Lerner (2002, p. 73) reafirma o significado emancipador da aprendizagem da leitura: "Ler é entrar em outros mundos possíveis. É indagar a realidade para compreendê-la melhor, é se distanciar do texto e assumir uma postura crítica frente ao que se diz e ao que se quer dizer, é tirar carta de cidadania no mundo da cultura escrita..."

Contudo, observa-se que o significado político do alfabetizar letrando e o potencial transformador da aquisição da língua escrita na formação humana não necessariamente se realizam na escola. Muito pelo contrário, a história do ensino no Brasil, a despeito de eventuais boas intenções e das "ilhas de excelência", tem deixado, para além do contingente de analfabetos, rastros de algo igualmente inaceitável: o analfabetismo funcional, que se explica justamente pelo baixo letramento de grande parte da população, o que nos remete ao próximo tópico.

O quadro da sociedade letrada no Brasil

Assim como transformaram as concepções de língua escrita, redimensionaram as diretrizes para a alfabetização e ampliaram a reflexão sobre o significado dessa aprendizagem, os estudos sobre o letramento obrigam-nos a reconfigurar o quadro da sociedade letrada no Brasil. Com base nele, a dicotomia alfabetizados *versus* não alfabetizados deixou de fazer sentido, abrindo a perspectiva para estudos mais qualitativos sobre as competências de leitura e escrita no país. Desse modo, é possível questionar: que uso as pessoas "tecnicamente alfabetizadas" são capazes de fazer com relação à leitura e à escrita? Ao lado do índice nacional de 11,4 milhões de analfabetos no país (IBGE, 2022), importa considerar 30% de analfabetos funcionais (Inaf, 2018) — indivíduos que, embora formalmente alfabetizados, são incapazes de ler textos longos, localizar ou relacionar suas informações. Isso quer dizer que, mesmo para as crianças que chegam à escola e nela permanecem por mais de três anos, não há garantia de acesso autônomo às práticas sociais de leitura e escrita (Castaldo, 2001; Castaldo e Colello, 2014a; Colello, 2003, 2012, 2020, 2021b; Silva e Colello 2003; Siqueira e Colello, 2023). Que escola é essa que não ensina a escrever?

Por que tantos deixam de aprender a ler e a escrever?

Por que será que tantas crianças e jovens deixam de aprender a ler e a escrever? Por que é tão difícil integrar-se de modo competente nas práticas sociais de leitura e escrita?

Se descartássemos as explicações mais simplistas (verdadeiros mitos da educação), que culpam o aluno pelo fracasso escolar; se admitíssemos que os chamados "problemas de aprendizagem" se explicam muito mais pelas relações estabelecidas na dinâmica da vida estudantil; se o desafio do ensino pudesse ser enfrentado a partir da necessidade de compreender o aluno para com ele estabelecer uma relação dialógica, significativa e comprometida com a construção do conhecimento; se as práticas pedagógicas fossem capazes de transformar as iniciativas meramente instrucionais em intervenções educativas, talvez fosse possível compreender melhor o significado e a verdadeira extensão da não aprendizagem e do quadro de analfabetismo no Brasil.

Nesse sentido, os estudos sobre o letramento se prestam à fundamentação de pelo menos três hipóteses não excludentes para explicar o fracasso no ensino da língua escrita.

Na mesma linha de argumentação desenvolvida no capítulo 5 ("Currículo oculto e letramento emergente"), é preciso considerar, como ponto de partida, que as práticas letradas de diferentes comunidades (e, portanto, as experiências de diferentes alunos) são muitas vezes distantes do enfoque que a escola costuma dar à escrita (o letramento tipicamente escolar). Lidar com essa diferença (as formas diversas de conceber e valorar a escrita, os diferentes usos, as várias linguagens, os possíveis posicionamentos do interlocutor, os graus diferenciados de familiaridade temática, as alternativas de instrumentos, portadores de textos e de práticas de produção e interpretação...) significa muitas vezes percorrer uma longa trajetória, cuja duração não está prevista nos padrões inflexíveis da programação curricular.

Em segundo lugar, é preciso considerar a reação do aprendiz em face da proposta pedagógica, muitas vezes autoritária, artificial e pouco significativa. Na dificuldade de lidar com a lógica do "aprenda primeiro para depois ver para que serve", muitos alunos parecem pouco convencidos a mobilizar esforços cognitivos em benefício do aprender a ler e a escrever (Aquino, 1997; Carraher, Carraher e Schliemann,1989; Charlot, 2013; Colello 2003, 2012, 2020, 2021b; Colello e Silva, 2003; Siqueira e Colello, 2023). Essa típica postura de resistência ao artificialismo pedagógico em um contexto de falta de sintonia entre alunos e professores parece evidente na reivindicação da personagem Mafalda, do cartunista Quino:

Com ironia e bom humor, o exemplo explica o caso bastante frequente de crianças e jovens inteligentes que aprenderam a lidar com tantas situações complexas da vida (aquisição da linguagem, transações com dinheiro, jogos de computador, atividades profissionais, regras e práticas esportivas entre outras), mas são subestimados pelas práticas pedagógicas. O resultado não poderia ser outro senão o distanciamento entre a escola e a própria vida.

Por último, ao considerar os princípios do alfabetizar letrando (Soares, 1998, 2003) ou alfaletrar (Soares, 2020) e do modelo ideológico de letramento (Kleiman, 1995), devemos admitir que o processo de aquisição da língua escrita está fortemente vinculado a um novo contexto cognitivo e cultural. De certa forma, aquele que alfabetiza não ensina apenas a ler e escrever (como se essa fosse uma aprendizagem neutra e livre de valores); de modo subliminar, ele propõe uma nova condição e um outro modo de viver em sociedade. Por isso, a assimilação desse *status* de ser alfabetizado (justamente aquilo que os educadores esperam de seus alunos como evidência de "desenvolvimento" ou de emancipação do sujeito) pode, paradoxalmente, se configurar, na perspectiva do aprendiz, como uma proposta de submissão: a negação de um mundo que não é o seu; o temor de perder suas raízes (sua história e referencial); o medo de abalar a primazia até então concedida à oralidade (sua mais típica forma de expressão); o receio de trair seus pares com o ingresso no mundo letrado e a insegurança na conquista da nova identidade (como "aluno bem-sucedido" ou como "sujeito alfabetizado" em uma cultura grafocêntrica altamente competitiva). O resultado é o surgimento de mecanismos de resistência.

> [...] a aprendizagem da língua escrita envolve um processo de aculturação — através, e na direção das práticas discursivas de grupos letrados —, não sendo, portanto, apenas um processo

marcado pelo conflito, como todo processo de aprendizagem, mas também um processo de perda e de luta social. [...]

[...] há uma dimensão de poder envolvida no processo de aculturação efetivado na escola: aprender — ou não — a ler e escrever não equivale a aprender uma técnica ou um conjunto de conhecimentos. O que está envolvido para o aluno adulto é a aceitação ou o desafio e a rejeição dos pressupostos, concepções e práticas de um grupo dominante — a saber, as práticas de letramento desses grupos entre as quais se incluem a leitura e a produção de textos em diversas instituições, bem como as formas legitimadas de se falar desses textos — e o consequente abandono (e rejeição) das práticas culturais primárias de seu grupo subalterno que, até esse momento, eram as que lhe permitiam compreender o mundo. (Kleiman, 2001, p. 271)

Como exemplo desse comportamento, denominado "analfabetismo de resistência", Kleiman (2001) expõe o caso de um jovem que se rebelou diante da proposta da professora de examinar bulas de remédio. Como recurso didático bem intencionado, o objetivo da tarefa era o de aproximar os alunos da escrita (e particularmente do gênero textual bula), favorecendo a compreensão de seus usos — nesse caso, também chamando a atenção deles para os perigos da automedicação e para a importância de se informar antes de tomar um remédio (posologia, reações adversas, efeitos colaterais etc.). Do ponto de vista do aluno, o repúdio à tarefa, à escola e muito provavelmente ao mundo da escrita foi uma reação contra a proposta (implícita) de fazer parte de um contexto social ao qual nem todos podem ter livre acesso: o mundo da medicina, da possibilidade de ser acompanhado por um médico e da compra de medicamentos.

Em síntese, a desconsideração dos significados implícitos do processo de alfabetização — o longo e difícil caminho que o sujeito pouco letrado tem a percorrer, a reação dele em face da artificialidade das práticas pedagógicas e a resistência ao mundo letrado — acaba por expulsar o aluno da escola, um destino cruel, mas evitável se o professor souber instituir em classe uma interação capaz de mediar as tensões, negociar significados e construir novos contextos de inserção social.

Perspectivas das pesquisas sobre letramento

Embora o termo "letramento" remeta a uma conotação complexa, referindo-se à pluralidade das práticas sociais de uso da escrita, a apreensão de dada realidade (seja ela de determinado grupo social, de um campo específico de conhecimento ou, ainda, de práticas linguísticas de determinadas ocupações) motivou a emergência de inúmeros estudos a respeito das especificidades em diferentes contextos letrados: letramento judicial, letramento midiático etc. É por isso que, nos meios educacionais e acadêmicos, vemos surgir a referência no plural "letramentos".

Mesmo correndo o risco de inadequação terminológica (o plural de um termo cuja conotação já é plural), ganhamos a possibilidade de repensar o trânsito do ser humano na diversidade de atividades no mundo letrado e com as diferentes linguagens do nosso tempo, o que deu origem ao termo "multiletramentos".

Por sua vez, em âmbitos específicos, tornou-se possível confrontar diferentes realidades, como o "letramento social" com o "letramento escolar"; analisar particularidades culturais, como o "letramento das comunidades operárias da periferia de São Paulo" ou, ainda, compreender as exigências de aprendizagem em áreas específicas, caso do "letramento científico", "letramento musical", "letramento matemático", "letramento cartográfico", "letramento digital" etc.

Em cada um desses universos, a emergência de diversas pesquisas possibilitou que se delineassem práticas (comportamentos exercidos por um grupo de sujeitos) e eventos (situações compartilhadas de usos da escrita) como focos interdependentes em uma mesma sociedade (Soares, 2003). Fica aí a ideia de que as práticas letradas de um mesmo grupo social podem se fragmentar em diferentes formas de uso da língua escrita, atendendo a diferentes necessidades de comunicação. Pela investigação, a aproximação com as especificidades de práticas letradas permite não só identificar a realidade de um grupo ou campo em particular (suas necessidades, características, dificuldades, modos de valoração da escrita), como também ajustar as medidas de intervenção pedagógica, avaliando suas consequências. No caso de programas de alfabetização, a relevância de tais pesquisas é assim defendida por Kleiman (2001, p. 269):

> Se, por meio das grandes pesquisas quantitativas, podemos conhecer onde e quando intervir em nível global, os estudos acadêmicos qualitativos, geralmente de tipo etnográfico, permitem conhecer as perspectivas específicas dos usuários e os contextos de uso e apropriação da escrita, permitindo, portanto, avaliar o impacto das intervenções e até, de forma semelhante às macroanálises, procurar tendências gerais capazes de subsidiar as políticas de implementação de programas.

Parece interessante pensar que uma nova configuração de mundo, com novos apelos políticos, sociais, econômicos e educacionais, tenha suscitado a emergência de um termo inédito ("letramento"), cuja concepção favorece novos olhares sobre a realidade, gerando outras palavras correlatas ("letramentos", "multiletramentos"). Essa revolução conceitual, que disponibiliza novas lentes para compreendermos as relações entre cultura e aprendizagem, vem sendo particularmente significativa para a educação, na medida em que subsidia tanto o ajustamento das práticas de ensino como a elaboração de políticas educacionais.

Sem pretender esgotar o tema, a breve análise do impacto e da contribuição dos estudos sobre letramento aqui desenvolvida aponta para a necessidade de aproximar, no campo da educação, teoria e prática. Na sutura entre concepções, implicações pedagógicas, reconfiguração de metas e quadros de referência, hipóteses explicativas e perspectivas de investigação, talvez possamos encontrar subsídios e alternativas para a transformação da sociedade leitora no Brasil, uma realidade politicamente inaceitável e, pedagogicamente, aquém de nossos ideais.

10

Alfabetização ou alfabetização digital?[31]

Leitura e escrita em diferentes contextos

Em face da meta prioritária da educação, entendida como processo de formação humana, e dos apelos do nosso mundo, é possível perguntar: o que significa ensinar a ler e escrever? Que alfabetização queremos? Como a aprendizagem da língua escrita pode se relacionar com as tecnologias da informação e comunicação (TIC)?

Como objeto de aprendizagem, a língua escrita não é um conteúdo *per se*. Tomados como construções sociais, ler e escrever só fazem sentido no contexto de práticas historicamente situadas. A atividade de um escriba que, na Antiguidade, fazia marcas em uma pedra com fins religiosos é completamente diferente da cópia feita pelos monges medievais, que, com tintas e penas, procuravam preservar os documentos em rolos de pergaminho. Essa atividade, por sua vez, não se compara às ano-

---

31. O texto deste capítulo foi originalmente publicado na revista *International Studies on Law and Education*, n. 23 (Colello, 2016), e aqui aparece com alguns ajustes e atualizações.

tações lineares feitas a caneta esferográfica nos cadernos dos estudantes, tampouco às digitações no computador — as quais, valendo-se da tela e do teclado, favorecem pesquisas em redes de informação, viagens virtuais ou práticas de comunicação, em tempo real e a distância.

Em consequência das diferentes práticas, as concepções e expectativas acerca da alfabetização foram assumindo, ao longo do tempo, diversas ênfases. Baseando-se no trabalho de Many, Teberosky (2004, p. 160) sintetiza as principais tendências assumidas desde o século 18:

> [...] até 1800, a alfabetização se reduzia a reconhecer e pronunciar em voz alta palavras escritas; até 1920, esperava-se que os estudantes soubessem ler em silêncio passagens de textos e responder questões de compreensão. Mais tarde, esperava-se alguma interferência a partir do texto e atualmente se fala de atribuir significado ao mundo a partir de uma grande quantidade de textos virtuais conectados e com diversas formas simbólicas. Ou seja, a tecnologia pode influenciar a maneira com que se define a leitura e a escrita.

A história da alfabetização esteve, portanto, associada não só às competências específicas, mas também à incorporação de novas tecnologias próprias de tempos e lugares. Em outras palavras, as condições, os instrumentos, os suportes e as funções da escrita mudam, assim como mudam as práticas que lhe dão sentido.

Em nosso mundo, as recentes mudanças sociais e tecnológicas ampliaram a complexidade dos contextos letrados, impondo a necessidade de novas atividades, de relações com os outros, com o conhecimento e com a realidade. Se, na perspectiva da língua, a escrita vive o seu momento de revolução — dada por outras formas de produção, circulação, distribuição e apresentação —, na perspectiva do sujeito que se pretende alfabetizar, o trânsito no espaço virtual é, por excelência, uma competência que leva a diferentes modos de ler e escrever (Coll e Illera, 2010; Ferreiro, 2013; Molinari e Ferreiro, 2013; Teberosky, 2004). A exigência de novas habilidades (tais como encontrar e manejar informações procedentes de múltiplas fontes; construir textos em parceria; editar materiais escritos; ler produções manuscritas, impressas e digitais; familiarizar-se com diferentes gêneros e linguagens; transitar entre diversos tipos textuais; ajustar-se aos diferentes canais de informação; buscar novos meios de difusão e de apresentação do material impresso; adquirir perícia com novas ferramentas, suportes e instrumentos) e até "encomendar" uma produção escrita para o ChatGPT, avaliar os resultados e fazer as devidas adaptações, mais uma vez, coloca em xeque a alfabetização, uma aprendizagem que passa a ser vista com base em diferentes estratégias e para diferentes propósitos. Assim, a despeito do consenso assumido pelos educadores de que "é preciso promover uma alfabetização ajustada ao mundo moderno", persiste a confusão entre diferentes concepções e modos de conduzir esse processo.

Quando a alfabetização é compreendida como uma aprendizagem estritamente vinculada ao sistema da língua escrita, o ensino tem como meta a conquista de habilidades ou competências de leitura e escrita. Para aqueles que superam as dimensões restritas do codificar e decodificar, isso significa também investir nos modos como o sujeito se relaciona com seu mundo. Sem necessariamente descartar esse entendimento, a compreensão do termo "alfabetização" pode se estender para áreas específicas do universo letrado, justificando o aparecimento de termos específicos como "alfabetização literária" e "alfabetização gramatical". Por vezes, o termo aparece também no plural, como é o caso da expressão "múltiplas alfabetizações", correspondendo à ideia de aquisição de "múltiplas linguagens". Nesse caso, ela é assumida como meta educativa ampla, embora nem sempre esteja acompanhada pela clareza de como garantir tal objetivo. Por fim, extrapolando a esfera da língua propriamente dita, o termo acaba também por designar "aprendizagens básicas" em outros campos do conhecimento, dando origem a novos conceitos: "alfabetização matemática", "alfabetização cartográfica", "alfabetização musical" e "alfabetização científica". Em face dessa pluralidade de usos, corremos o risco de perder a especificidade do que é alfabetização e, além disso, não ter clareza sobre o que deveria ser a aprendizagem básica em diferentes áreas.

Uma dimensão específica desse contexto de incertezas terminológicas, conceituais e pedagógicas diz respeito à relação entre alfabetização e alfabetização digital (ou entre letramento e letramento digital). A ideia de que é preciso ensinar a ler e escrever em um mundo onde crescem tecnologias de comunicação fez nascer alguns questionamentos: a aprendizagem da língua, entendida como mecanismo de inserção social, garante a democratização no mundo tecnológico? O acesso ao virtual pressupõe ou favorece a conquista da leitura e da escrita? A alfabetização é a aquisição de um instrumental básico para apoiar a conquista de outros saberes e competências (inclusive o domínio da tecnologia) ou é, em si, um conhecimento específico? E, se assim for, como esse conhecimento é afetado pelas tecnologias?

As diferentes correntes na relação entre língua escrita e tecnologias

A tecnologia como linguagem

Na relação entre a língua escrita e as TIC, é possível distinguir três grandes correntes, cujas concepções sustentam diferentes diretrizes pedagógicas. Com ênfase na dimensão técnica, a primeira corrente está assentada na ideia de que as novas tecnologias inauguraram um modo de se lidar com a língua própria dos meios eletrônicos; modo que não se confunde com a atividade tradicionalmente feita por leitores e escritores. A tecnologia transforma a leitura e a escrita, razão pela qual alfabetização e alfabetização digital merecem ser tratadas como processos que se complementam na aquisição de determinadas práticas. Dessa ótica,

> falar em "alfabetização digital" equivale a postular que, assim como nas sociedades letradas é necessário ter um domínio funcional das tecnologias de leitura e escrita para ter acesso ao conhecimento, na SI [sociedade da informação] é imprescindível ter um domínio das tecnologias digitais da comunicação e da informação — incluídas, é claro, as tecnologias digitais de leitura e escrita. Em outras palavras, falar em "alfabetização digital" supõe aceitar, com todas as suas consequências, que as aprendizagens relacionadas com o domínio e manejo das TIC são básicas na SI no mesmo sentido em que já o são as aprendizagens relacionadas ao domínio da leitura e da escrita nas sociedades letradas. (Coll e Illera, 2010, p. 290)

No que diz respeito às diretrizes pedagógicas, essa postura sustenta iniciativas centradas na aprendizagem de técnicas computacionais, como é o caso dos programas de informática, que, ao lado das disciplinas escolares tradicionais, configuram-se como parte do currículo escolar. Trata-se de mais um esforço com o objetivo de preparar o aluno para o mercado de trabalho e garantir o uso do instrumental tecnológico independente da língua. No que concerne ao plano da pesquisa, observa-se a intensificação dos estudos que visam descrever as competências específicas vinculadas aos meios eletrônicos. Esse é o caso de Varis (2007), que identifica diferentes frentes de trabalho específicas do processo de alfabetização digital: "alfabetização tecnológica" (uso de novas mídias para informação e comunicação), "alfabetização informacional" (capacidade para compilar, avaliar e organizar as informações), "criatividade midiática" (capacidade para produzir e distribuir informações), "alfabetização global" (compreensão da interdependência entre pessoas, países e culturas nos processos de interação) e "alfabetização responsável" (compreensão dos mecanismos de segurança dos meios de comunicação).

A tecnologia como recurso paralelo à linguagem

Em uma perspectiva inversa, a segunda corrente defende que a tecnologia não muda essencialmente a natureza da escrita como suporte do pensamento, embora possa interferir nos processos mecânicos de revisar, copiar, formatar e organizar dados. A esse respeito, Teberosky (2004) lembra o desenvolvimento de trabalhos ora em uma perspectiva pessimista (como os de Cocran-Smith, para quem a tecnologia não melhora a qualidade dos textos), ora em uma abordagem otimista (como os de Klein e Olson, que a defendem como recurso para tornar a escrita mais rápida, densa e ordenada). A despeito da diferença de suas abordagens, os referidos autores parecem estar de acordo sobre a não interferência da tecnologia nas funções cognitivas. Nessa perspectiva, a atenção à informática seria apenas um apêndice do esforço educativo.

Linguagem e tecnologia em relação recíproca

Em uma posição intermediária, a terceira posição configura-se como a mais ajustada no plano educacional, justamente porque defende a relação recíproca entre escrita e tecnologia, assumindo que elas se transformam mutuamente (Ferreiro, 2013; Luize, 2011; Molinari e Ferreiro, 2013; Teberosky, 2004). Nessa perspectiva, o computador configura-se como um recurso privilegiado no processo de aprendizagem na medida em que pode ampliar e intensificar as frentes de processamento mental. Teberosky (2004, p. 155) sintetiza essa postura:

[...] embora nem o papel nem a eletrônica simplifiquem as dificuldades cognitivas comportadas pela aprendizagem da leitura e da escrita, os novos recursos tecnológicos podem dar lugar a novos processos cognitivos que nem a escrita manuscrita nem a leitura sobre papel haviam permitido. Os novos recursos tecnológicos, por si sós, não criam conhecimentos, mas permitem o desenvolvimento de outros novos.

Defendida com base em estudos cognitivos, a relação entre a tecnologia e a escrita parece se justificar não só no plano do ensino como também no contexto dos apelos de nosso mundo, frente aos quais as crianças não costumam ficar indiferentes.

Para atender as exigências da sociedade tecnológica e letrada, a aprendizagem da língua pressupõe a ampliação dos modos de interagir e de se comunicar com os dispositivos do próprio mundo. Por isso, o uso da língua escrita em múltiplas tarefas deveria fazer parte das práticas de ensino já no início do (e progressivamente no) processo de escolaridade. Na prática, isso significa: escrever bilhetes e e-mails; lidar com a correspondência por correio ou computador; ler jornal e também os sites da internet; consultar um dicionário ou navegar no mundo virtual; circular em uma biblioteca sem excluir a possibilidade de transitar pela web buscando, em ambos os espaços, subsídios para uma pesquisa; produzir uma escrita linear em um plano horizontal ou sobrepor diferentes textos na verticalidade da tela. Ao estudar as relações entre a aprendizagem da escrita e a cultura, Scribner e Cole (1981, p. 236) situam o princípio básico que deveria reger o ensino:

> [...] focamos a alfabetização como um conjunto de práticas socialmente organizadas que fazem uso de um sistema de símbolos e de uma tecnologia para produzi-los e disseminá-los. A alfabetização não é simplesmente saber como ler e escrever um texto de-

terminado, mas a aplicação deste conhecimento para propósitos específicos. A natureza dessas práticas, incluindo, é claro, seus aspectos tecnológicos, determinará os tipos de habilidades associadas à alfabetização.

Como diretriz assumida entre os educadores socioconstrutivistas, o ensino deve resgatar a função social da escrita, promovendo, nos diferentes estágios de aprendizagem, contextos favoráveis ao trânsito e à reflexão linguística. O trânsito entre as práticas letradas bem como as oportunidades de trabalho reflexivo com e sobre a língua são o verdadeiro caminho para a aprendizagem. Em um movimento dialético, é justamente porque o sujeito usa a língua escrita buscando ajustar-se aos propósitos sociais de uma dada situação que ele aprende a ler e escrever; e ele aprende a ler e escrever porque faz um uso da língua de modo significativo, em uma perspectiva crítica e com os recursos de seu tempo. O leitor competente do passado não pode ser substituído por um leitor de tecnologia do presente porque, de fato, esses modelos não são opostos; todo leitor deveria ter condições para atender as demandas letradas de seu mundo. As competências que ora se fazem necessárias no âmbito da nossa sociedade não se separam do uso da tecnologia que hoje temos disponível. Por isso, não se pode expulsar os computadores das escolas, nem trancafiá-los em salas apartadas do cotidiano do ensino. Em síntese, não se pode separar a alfabetização do uso da tecnologia. Isso significa que

> Do ponto de vista da alfabetização, não se deveria ensinar sem levar em conta as condições materiais de sua realização; do ponto de vista da aplicação educativa das tecnologias da informação e da comunicação (TICs), não se deveria encarar apenas como uma questão técnica, fora dos requisitos cognitivos que permitem seu uso. [...]

> As relações entre as atividades intelectuais de leitura e escrita, o texto e sua materialidade, não se dão em uma só direção, dão-se em uma relação recíproca, isto é, uma mudança material produz efeitos intelectuais, que, por sua vez, produzem novos resultados materiais. (Teberosky, 2004, p. 153-154)

Ao defender a relação recíproca entre a língua escrita e as suas tecnologias, os representantes dessa corrente acreditam que o próprio fato de um aluno viver no mundo das TIC (com maior ou menor grau de acessibilidade e uso) já tem suas implicações para as práticas de leitura e escrita e o fato de aprender a ler e escrever favorece a apropriação tecnológica e amplia seus espaços de intervenção social ou de navegação no espaço virtual.

Tomando como exemplo o advento de outras tecnologias ao longo da história (como foi os caso da imprensa), Teberosky (2004); Ferreiro (2013); Geraldi, Fichtner e Benites (2006) mostram que as inúmeras incorporações dos meios e instrumentos, em cada momento e em diferentes espaços, foram transformadoras das atividades sociais, fazendo emergir novas funções da língua e, com elas, novas relações entre os homens e com o próprio conhecimento. A diversidade de suportes e de estratégias a eles associadas fizeram surgir modos de pensamento correspondentes às suas estruturas técnicas. Por isso,

> A apropriação social do computador não significa a organização sistemática do ensino nas escolas para desenvolver uma competência dos indivíduos para usar esse meio de forma adequada num nível técnico. A apropriação social da "máquina universal" significa um processo com o qual apreendemos o computador como uma parte de nossas formas de vida cotidiana. Implica usar e desenvolver essas tecnologias como um meio de autogestão de nossa sociedade, sem esperar que ele próprio, como tecnologia, desenvolverá por si um modelo de gestão a que os indivíduos de-

vem se submeter como querem fazer crer os ideólogos do mercado livre. Ao contrário, serão as práticas sociais que construirão um novo modelo adequado às condições de existência que o desenvolvimento tecnológico está possibilitando. (Geraldi, Fichtner e Benites, 2006, p. 129-130)

Assim como não há o momento de aprender separado de um momento de fazer uso da aprendizagem, não há um momento de se apropriar da tecnologia apartado dos propósitos sociais para as quais elas se justificam; assim como não há uma escrita no vazio, não se justificam os esforços para uma apropriação tecnológica paralela aos conteúdos de aprendizagem, uma apropriação válida em si.

Nessa perspectiva, seja no que diz respeito à língua como estratégia do dizer, seja no que toca à tecnologia enquanto recurso do como ou do onde dizer, ou, ainda no que se refere à alfabetização como propósito educativo, o que está em pauta é a participação de práticas sociais através da conquista de um modo de ser e de se relacionar com a cultura escrita e tecnológica. Como isso ocorre de modo integrado, não faz sentido distinguir alfabetização e alfabetização digital; melhor seria defender a alfabetização compatível com o nosso tempo e lugar, tal como faz Ferreiro (2013, p. 469):

> Falo de alfabetização simplesmente. A que corresponde ao nosso espaço e tempo.
> Precisamos de leitores críticos, que duvidem da veracidade do texto e imagem visíveis tanto no papel como se desdobrando no monitor. Leitores que procurem compreender outras línguas (tão mais fácil agora com a internet!) sem menosprezar nem exaltar o inglês hegemônico; mas que tenham uma visão global dos problemas sociais e políticos sem se fecharem em localismos menores. Leitores e produtores da língua escrita inteligentes, alertas

e críticos. O que sempre buscamos. Difícil tarefa, antes e agora. Não cabe dúvida de que a internet ajuda. Os livros e as bibliotecas também. [...]

Precisamos de crianças e jovens que saibam dizer suas palavras por escrito, de maneira convincente (tão mais fácil agora com internet!); que não se comuniquem porque "têm que estar em comunicação permanente", mas que tenham algo para comunicar; que o conteúdo da mensagem conte, ao menos, tanto quanto a forma. Porque as novas gerações deverão ser particularmente criativas. Terão ao seu cargo, nada mais nem menos, que a invenção de uma nova ordem mundial, onde a vida valha a pena ser vivida.

A alfabetização sob novos paradigmas

Quando a alfabetização deixa de ser entendida como objeto estritamente escolar para ocupar um espaço privilegiado na relação do homem com os outros e com o seu universo, não há como desconsiderar os apelos do mundo e, particularmente, os da sociedade letrada e tecnológica. Vem daí a necessidade da revisão de conceitos e posturas. Seja pela reavaliação das metas de ensino, seja pela assunção da complexidade do processo de aprendizagem, e ainda, pela necessidade de ajustamento das práticas e dos conteúdos escolares ao contexto social e informatizado, o tema do ensino da língua escrita emerge no cenário dos debates educacionais marcado por um novo paradigma.

Entendida como a formação de leitores e escritores, a alfabetização ganha um triplo significado: ela é educativa, porque se integra no projeto de edificação do homem autônomo, crítico e criativo; é social, porque se constrói a partir de práticas contextualizadas na mesma medida em que promove a inserção do sujeito no seu meio; e é também histórica, porque garante a comunicação em um tempo e lugar e não se separa dos suportes e tecnologias do seu mundo.

Subjacente a esse argumento está o princípio de que a língua escrita, como construção historicamente situada e cuja manifestação (oral ou escrita) vincula-se a um contexto, merece ser ensinada como prática politicamente responsável. Daí o esforço de Ferreiro (2001a e b, 2002, 2007, 2013), entre tantos outros autores, para que o próprio conceito de alfabetização seja ampliado. Uma ampliação que, na Sociedade da Informação, faz sentido justamente porque as múltiplas demandas e recursos, a diversidade das práticas letradas e a pluralidade das situações interativas convocam para o fim da cultura escolar reducionista: práticas de ensino centradas em um único texto, centradas no professor como único informante, e, finalmente, centradas em exercícios repetitivos e artificiais de treinamento linguístico, gráfico ou ortográfico.

Essa mesma ampliação do conceito justifica também o alargamento do que se espera como competências letradas básicas e do tempo de aprendizagem (Colello, 2012; Coll e Illera, 2010; Ferreiro, 2002, 2013, Teberosky, 2004). No que diz respeito ao primeiro, é preciso admitir que não se trata de uma aprendizagem uniforme, conquistada de modo homogêneo para diferentes tipos de texto, usos sociais e recursos técnicos. Aquele que supostamente sabe ler e escrever não necessariamente sabe ler e escrever em diferentes gêneros e para diferentes fins. Por isso, a alfabetização passa a ser um compromisso de professores em diferentes campos de conhecimento.

Da mesma forma, no que tange ao período de aprendizagem, os apelos do mundo letrado contrariam a ideia do ciclo de alfabetização como meta que se fecha em si, isto é, a previsão de uma aprendizagem que se faz nos anos iniciais da escolaridade. Como a prática linguística sempre pode ser aprimorada; como os alunos sempre podem buscar novas formas de dizer; como os avanços tecnológicos sempre podem trazer novos desafios; como as pessoas sempre podem transitar em novos circuitos, ter novas ocupações e centros de interesse, o processo de alfabetização, concebido como intencionalidade ampla de formação do sujeito, nunca se encerra definitivamente.

No contexto de um mundo em transformação, esse é o único entendimento possível para o processo de alfabetização. A aproximação do ensino da língua com os recursos que lhe são próprios deveria ser o ponto de partida e, quiçá, também o ponto de chegada no que diz respeito às propostas de renovação da vida escolar, de alternativas didáticas e de esforços pedagógicos mais favoráveis ao ler e escrever.

Nesse sentido, a dicotomia entre alfabetização e alfabetização digital é, sem dúvida, um falso dilema e um engano pedagógico.

Conclusão

Na década de 1920, Vygotski (1988, 2000) demonstrou que a descoberta do universo simbólico (vivenciada no brinquedo de faz-de-conta, na comunicação gestual, no desenho, na fala e na própria evolução da escrita) é um processo complexo — mas essencialmente unificado — que conduz ao desenvolvimento linguístico, indispensável na conquista das funções psicológicas superiores, em especial, as formas de expressão oral e escrita. Nos anos 80, Ferreiro e Teberosky (1986) exploraram a psicogênese da língua escrita, mostrando que a evolução das concepções infantis depende da elaboração de hipóteses e de construções que, embora pautados por uma lógica pessoal, não são aleatórias. A partir da década de 1990, diversos pesquisadores, em especial, Magda Soares (1995, 1998, 2003, 2004, 2020), evidenciaram que, vivendo em sociedades letradas, as crianças participam desde muito cedo das práticas e eventos de letramento e não ficam indiferentes aos apelos da língua escrita, próprios do seu universo cultural. Com maior ou menor intensidade, o processo de letramento geralmente tem início muito antes do ingresso na escola e configura-se como componente fundamental no processo de alfabetização, explicando muitas vezes as diferenças no ritmo de aprendizagem dos alunos e os mecanismos de suposto fracasso escolar. Na defesa dessas ideias, tanto as pesquisas psicogenéticas como os estudos socioculturais sobre o letramento revolucionaram as diretrizes sobre o ensino da língua escrita.

Quando a alfabetização é concebida numa dimensão mais ampla, em que a construção da escrita está associada à vivência sociocultural, trilhando o mesmo caminho do desenvolvimento das demais linguagens humanas, somos obrigados a combater o princípio da autonomia escolar.

Por um outro lado, levar em consideração os conhecimentos, valores e as necessidades infantis significa atender o aluno como um todo, garantindo a ele a possibilidade da autêntica expressão, da manifestação de si e do intercâmbio com os outros. Nessa perspectiva, o ensino conteudista (pautado pela mera transmissão de informações e saberes) cede lugar à formação integral do ser humano, na qual os aportes de cada um — cognitivos, culturais, afetivos e corporais — serão efetivamente respeitados enquanto molas propulsoras do desenvolvimento pessoal.

Sendo assim, as questões do analfabetismo, do analfabetismo funcional e do "baixo letramento" são problemas a serem enfrentados dentro e fora da escola.

No âmbito social, cumpre acautelar-se ante as "verdades indiscutíveis" apregoadas por argumentos etnocêntricos de discriminação linguística e cultural. É preciso desmascarar a dimensão ideologizante do ensino tradicional da escrita, sem o que acabaremos por nos afastar dos princípios democráticos. Mais que isso, é preciso estender a toda a população o acesso aos bens culturais. A evolução tecnológica, industrial, econômica e científica não será uma realidade legítima enquanto ela não estiver acessível aos processos mentais, cognitivos e expressivos de todos aqueles que, direta ou indiretamente, participaram da sua construção.

No âmbito escolar, é preciso combater a inadequação de práticas estéreis, bem como os princípios cegos das metodologias que se recusam a considerar as diferenças individuais, o currículo oculto, o letramento emergente e a complexidade dos processos cognitivos envolvidos na conquista da língua escrita.

Alfabetização em questão

A oposição feita entre a "alfabetização" e "letramento" será tanto mais rica quanto mais ela puder subsidiar o abandono de certas práticas pedagógicas que, durante anos, têm abafado a criatividade e a comunicação infantis.

Evidentemente, não se trata de ignorar os benefícios práticos conquistados pela possibilidade de ler e escrever nem, muito menos, de fazer a apologia da norma culta. Mas, sob uma nova ótica do ensino da língua materna, importa garantir, tanto nos princípios como nas práticas pedagógicas, a defesa do potencial expressivo tipicamente humano, indissociável do contexto social, da ação, da oralidade e do pensamento.

Longe de desmerecer as iniciativas de muitos educadores, as duras críticas feitas à educação no presente trabalho pretenderam contribuir para o esforço pedagógico em prol de um ensino mais eficaz, democrático e inclusivo.

O caos no sistema educacional não pode (e não deve) ser imputado apenas aos professores, a maioria dos quais vítima dessa mesma concepção de ensino, trabalhando em condições adversas, sem o devido reconhecimento social nem remuneração a altura de suas responsabilidades. Lamentamos profundamente todos os entraves políticos, sociais, burocráticos e pedagógicos que têm limitado a ação educativa. Contudo, não nos podemos deixar abater em lamúrias imobilistas que pouco contribuem para a renovação do sistema e para a reconstrução da escola.

O socioconstrutivismo, bem o sabemos, não é a resposta milagrosa para todos os problemas pedagógicos que tanto nos afligem. Mas, na ausência de certezas absolutas que a teoria não nos pode fornecer, as experiências fundamentadas nessa perspectiva lançam luzes, apontam caminhos e, sem dúvida, oferecem novas possibilidades.

No centro dessa renovação pedagógica, está o professor que, movido pelo ideal de um ensino melhor, saberá ver nas críticas os princípios do ajustamento escolar e nas pesquisas básicas, os fundamentos da alfabetização inteligente.

Referências

Ação Educativa; Conhecimento Social. Indicador de Alfabetismo Funcional (Inaf). 2018.

Arantes, Valéria Amorim (org.). *Alfabetização e letramento — Pontos e contrapontos*. São Paulo: Summus, 2010.

Aquino, Julio Gropa (org.). *Erro e fracasso na escola*. São Paulo: Summus, 1997.

Bagno, Marcos. "Os objetivos do ensino da língua na escola: uma mudança de foco". In: Coelho, Lígia Martha (org.). *Língua materna nas séries iniciais*. Petrópolis: Vozes, 2009a, p. 157-171.

_____. *Preconceito linguístico — O que é e como se faz*. São Paulo: Loyola, 2009b.

Bakhtin, Mikhail. *Estética da criação verbal*. São Paulo, Martins Fontes, 1982.

_____. *Marxismo e filosofia da linguagem*. 14. ed. São Paulo: Hucitec, 2014.

Blog do Enem — "Redação", s/d . Disponível em: https://blogdoenem.com.br/category/redacao/. Acesso em: 2 dez. 2024.

Boniek, Israel; Romagnani, Patrícia; Shudo, Regina. *Saberes da educação infantil — Programa de formação continuada*. Capinzal: Instituto Infâncias e Editora, 2023.

Bourdieu, Pierre. *A economia das trocas linguísticas*. São Paulo: Edusp, 1998.

Brandão, Ana Carolina P. ; Rosa, Esther Calland (orgs.). *Aprendizagem inicial da língua escrita com crianças de 4 e 5 anos — Mediações pedagógicas*. Belo Horizonte: Autêntica, 2021.

BRASIL. Congresso Nacional. Câmara dos Deputados. Comissão de Educação e Cultura. *Grupo de trabalho alfabetização infantil — Os novos caminhos*. 2. ed. Brasília: Câmara dos Deputados, Coordenação de Publicações, 2007.

_____. Ministério da Educação. *Base Nacional Comum Curricular — A educação é a base*. Brasília: MEC, 2017. Disponível em: https://encurtador.com.br/LX6Hf. Acesso em: 22 nov. 2024.

BRITTO, Luiz Percival L. *Contra o consenso — Cultura escrita, educação e participação*. Campinas: Mercado das Letras, 2003.

CAGLIARI, Luiz Carlos. *Alfabetização e linguística*. São Paulo: Scipione, 1989.

CARRAHER, Terezinha N.; CARRAHER, David; SCHLIEMANN, Analúcia. *Na vida dez, na escola zero*. São Paulo: Cortez, 1989.

CASTALDO, Márcia M. "Redação no vestibular: o 'eu' proscrito, comedido ou transfigurado?" In: COLELLO, Silvia M. Gasparian (org.). *Textos em contextos — Reflexões sobre o ensino da língua escrita*. São Paulo: Summus, 2011, p. 143-159.

CASTALDO, Márcia M.; COLELLO, Silvia M. Gasparian. "Redação no vestibular — Perspectivas de reorientação da prática escolar". *Estudos em Avaliação Educacional*, São Paulo, v. 25, n. 57, p. 84-113, jan.-abr. 2014.

CHARLOT, Bernard. *Da relação com o saber às práticas educativas*. São Paulo: Cortez, 2013.

COELHO, Lígia Martha (org.). *Língua materna nas séries iniciais*. Petrópolis: Vozes, 2009.

COLELLO, Silvia M Gasparian. *Linguagem escrita e escrita de linguagem*. Dissertação (mestrado em Educação) — Universidade de São Paulo, São Paulo, 1990.

_____."Alfabetização e motricidade: revendo essa antiga parceria". *Cadernos de Pesquisa*, São Paulo, n. 87, p. 58-61, nov. 1993.

_____."A pedagogia da exclusão no ensino da língua escrita". *Videtur*, São Paulo/Porto, n. 23, p. 27-34, 2003 . Disponível em: http://www.hottopos.com/videtur23/silvia.htm. Acesso em 9 out. 2024.

_____. "Alfabetização e letramento: o que será que será?" In: ARANTES, Valéria Amorim (org.). *Alfabetização e letramento — Pontos e contrapontos*. São Paulo: Summus, 2010.

_____. *A escola que (não) ensina a escrever*. São Paulo: Summus, 2012.

_____. "Aprendizagem da língua escrita e a constituição do sujeito interlocutivo". *International Studies on Law and Education*, São Paulo/Porto, n. 18, p. 15-24, set.-dez. 2014a. Disponível em: http://www.hottopos.com/isle18/15-24Silvia.pdf. Acesso em: 9 out. 2024.

_____. "Sentidos da alfabetização nas práticas educativas". In: MORTATTI, Maria do Rosário.; FRADE, Isabel Cristina (orgs.). *Alfabetização e seus sentidos — O que sabemos, fazemos e queremos?* Marília: Oficina Universitária; São Paulo: Ed. da Unesp, 2014b.

_____. *A escola e as condições de produção textual — Conteúdos, formas e relações*. Tese (livre-docência em Educação), Universidade de São Paulo, São Paulo, 2015.

_____. *A escola e a produção textual — Práticas interativas e tecnológicas*. São Paulo: Summus, 2017.

_____. "Por que a aquisição da escrita é transformadora?" *Revista Internacional d'Humanitats*, São Paulo/Barcelona, n. 48, p. 121-130, jan.-abr. 2020a. Disponível em: http://www.hottopos.com/rih48/121-130Silvia.pdf. Acesso em: 2 dez. 2024.

_____. "Quem é o estudante em recuperação: os sentidos do fracasso escolar". *Convenit Internacional*, São Paulo/Porto, n. 32, p. 85-94, jan.-abr. 2020b. Disponível em: http://www.hottopos.com/convenit32/85-94Silvia.pdf. Acesso em: 2 dez. 2024.

_____. "Alfabetização em tempos de pandemia". *Convenit Internacional*, São Paulo, n 35, p. 1-22, jan.-abr. 2021a. Disponível em: http://www.hottopos.com/convenit35/Silvia.pdf. Acesso em: 22 nov. 2024.

_____. *Alfabetização — O quê, por quê e como*. São Paulo: Summus, 2021b.

COLELLO, Silvia M. Gasparian; LUCAS, Maria Angélica F. "A reinvenção da escola: desafios de educar e de ensinar a língua escrita". *Interna-

tional Studies on Law and Education, n. 27. São Paulo/Porto, n. 27, p. 5-12, set.-dez. 2017. Disponível em: http://www.hottopos.com/isle27/05-12ColelloLucas.pdf. Acesso em 29 nov. 2024.

COLELLO, Silvia M. Gasparian; LUIZ, Dalila G. "A apropriação da cultura escrita pela criança de ensino fundamental". *International Studies on Law and Education*, São Paulo, n. 36, p. 1-12, set.-dez. 2020. Disponível em: https://encurtador.com.br/GwqQ4. Acesso em: 25 nov. 2024.

COLELLO, Silvia M. Gasparian; LUIZ, Andrea. "Aventura linguística". *Mente e Cérebro* — Coleção memória da pedagogia, n. 5; Emília Ferreiro — A construção do conhecimento. Rio de Janeiro: Ediouro; São Paulo: Segmento-Dueto, 2005.

COLL, César *et al. O construtivismo na sala de aula.* São Paulo: Ática, 2006.

COLL, César; ILLERA, José Luis Rodríguez. "Alfabetização, novas alfabetizações e alfabetização digital". In: COLL, César; MONEREO, Carles (orgs.). *Psicologia da educação virtual — Aprender e ensinar com as tecnologias da informação e da comunicação*. Porto Alegre: Artmed, 2010. p. 289-310.

DIAS, Gláuci. "Preconceito linguístico e ensino da língua portuguesa" In: COLELLO, Silvia M. Gasparian (org.). *Textos em contextos — Reflexões sobre o ensino da língua escrita.* São Paulo: Summus, 2011, p. 29-51.

DUTRA, Erica de Faria. *A revisão textual nos anos iniciais — Percursos e procedimentos.* Dissertação (mestrado em Educação) — Universidade de São Paulo, São Paulo, 2011. Disponível em: https://teses.usp.br/teses/disponiveis/48/48134/tde-17052011-105809/publico/corpo.pdf. Acesso em: 9 out. 2024.

EDWARDS, Carolyn; GANDINI, Lella; FORMAN, George. *As cem linguagens da criança — A abordagem de Reggio Emilia na educação da primeira infância.* Porto Alegre: Penso, 2015.

FARACO, Carlos Alberto. *Linguagem & diálogo — As ideias linguísticas do círculo de Bakhtin.* São Paulo: Parábola, 2009.

FERREIRA, Andréa. T. Brito; ROSA, Esther C. de Souza (orgs.). *O fazer cotidiano na sala de aula — A organização do trabalho pedagógico no ensino da língua materna*. Belo Horizonte: Autêntica, 2012.

FERREIRO, Emilia. "La práctica del dictado en el primer año escolar". Cuadernos de Investigaciones Educativas, n. 15, México, ago. 1984.

_____. *Alfabetização em processo*. São Paulo: Cortez/Autores Associados, 1986a.

_____. *Reflexões sobre alfabetização*. São Paulo: Cortez/Autores Associados, 1986b.

_____. "O que está escrito em uma frase escrita? Uma resposta desenvolvimentista". In: LEITE, Luci B; Medeiros, Ana A. de Medeiros (org.). *Piaget e a Escola de Genebra*. São Paulo: Cortez, 1987.

_____. *Atualidade de Jean Piaget*. Porto Alegre: Artmed, 2001a.

_____. *Cultura escrita e educação*. Porto Alegre: Artmed, 2001b.

_____. "Alfabetização e cultura escrita". Entrevista concedida a Denise Pellegrini. *Nova Escola*, São Paulo, p. 27-30, abr.-maio de 2003.

_____. *Com todas as letras*. São Paulo: Cortez, 2007.

_____. *O ingresso na escrita e nas culturas do escrito — Seleção de textos de pesquisa*. São Paulo: Cortez, 2013.

FERREIRO, Emilia; PALACIO, Margarita G. (orgs.). *Os processos de leitura e escrita — Novas perspectivas*. Porto Alegre: Artes Médicas, 1987.

FERREIRO, Emilia; TEBEROSKY, Ana. *Psicogênese da língua escrita*. Porto Alegre: Artes Médicas, 1986.

FERREIRO, Emilia; ZEN, Giovana C. "Desenvolvimento da escrita em crianças brasileiras". *Práxis Educacional*, Vitória da Conquista, v. 18, n. 49, p. 1-14, 2022. Disponível em: https://dialnet.unirioja.es/servlet/articulo?codigo=8581649. Acesso em: 25 nov. 2024.

FRANCHI, Eglê P. *Pedagogia da alfabetização — Da oralidade à escrita*. São Paulo: Cortez, 1988.

FREIRE, João Batista. *Educação de corpo inteiro*. São Paulo: Scipione, 1989.

FREIRE, Paulo. *Pedagogia do oprimido*. 17. ed. Rio de Janeiro: Paz e Terra, 1987.

_____. *A importância do ato de ler em três artigos que se complementam*. São Paulo: Autores Associados/Cortez, 1989.

_____. *Passado e presente dos verbos ler e escrever*. São Paulo: Cortez, 2002.

FRIGO, Andrea B.G.; COLELLO, Silvia M. Gasparian. "Sobre a língua escrita e o ensino da língua na escola". *Convenit Internacional*, São Paulo/Porto, n. 28, p. 63-72, set.-dez. 2018.

GALLART, Marta Soler. "Leitura dialógica: a comunidade como ambiente alfabetizador". In: TEBEROSKY, Ana *et. al*. *Contextos de alfabetização inicial*. Porto Alegre: Artmed, 2004, p. 41-54.

GERALDI, João Wanderley (org.). *O texto na sala de aula — Leitura e produção*. Cascavel: Assoeste, 1984.

_____. *Linguagem e ensino — Exercícios de militância e divulgação*. Campinas: Mercado das Letras, 1996.

_____. "A diferença identifica, a desigualdade deforma: percursos bakhtinianos de construção ética e estética". In: FREITAS, Maria Teresa de; SOUZA, Solange Jobim; KRAMER, Sonia. *Ciências humanas e pesquisa — Leituras de Mikhail Bakhtin*. São Paulo: Cortez, 2003.

_____. "Labuta da fala, labuta de leitura, labuta de escrita". In: COELHO, Ligia M. (org.). *Língua materna nas séries iniciais do ensino fundamental*. Petrópolis: Vozes, 2009, p. 213-228.

GERALDI, João Wanderley; FICHTNER, Bernd; BENITES, Maria. *Transgressões convergentes — Vigotski, Bakhtin, Bateson*. Campinas: Mercado das Letras, 2006.

_____. *Portos de passagem*. São Paulo: Martins Fontes, 1993.

GNERRE, Maurizio. *Linguagem, escrita e poder*. São Paulo: Martins Fontes, 1991.

GOODMAN, Yetta. "O desenvolvimento da escrita em crianças muito pequenas" In: FERREIRO, Emilia; PALACIO, Margarita Gomes. *Os processos de leitura e escrita*. Porto Alegre: Artes Médicas, 1987.

GOULART, Cecília; GONTIJO, Cláudia M.; FERREIRA, Norma Sandra de A. (orgs.). *A alfabetização como processo discursivo*. São Paulo: Cortez, 2017.

Gozzi, Marina B. *O uso da pontuação na escrita infantil*. Dissertação (mestrado em Educação) — Universidade de São Paulo, São Paulo, 2017. Disponível em: https://teses.usp. br/teses/disponiveis/48/48134/tde-28062017-142656/publico/dissertacao_rev.pdf. Acesso em: 9 out. 2024.

Guilherme, Fernando. *Teorias e práticas alfabetizadoras — Possibilidades e limites dessas conexões nos discursos docentes*. Tese (doutorado) em Biociências, Universidade Estadual Paulista, Rio Claro, 2024.

Gutierrez, Francisco. *Linguagem total — Uma pedagogia dos meios de comunicação*. São Paulo: Summus, 1978.

Indicador de Alfabetismo Funcional (Inaf). *Alfabetismo no Brasil*. Disponível em: https://alfabetismofuncional.org.br/alfabetismo-no-brasil/. Acesso em:27 dez. 2024.

Instituto Brasileiro de Geografia e Estatística (IBGE). *Censo Demográfico de 2022*. Rio de Janeiro: IBGE, 2022.

Kato, Mary. *No mundo da escrita — Uma perspectiva psicolinguística*. São Paulo: Ática, 1986.

Kleiman, Angela B. (org.). *Os significados do letramento — Uma nova perspectiva sobre a prática social da escrita*. Campinas: Mercado das Letras, 1995.

_____. "Programa de educação de jovens e adultos". *Educação e Pesquisa*, São Paulo, v. 27, n. 2, p. 267-281, 2001.

Lahire, Bernard. *Sucesso escolar nos meios populares — As razões do improvável*. São Paulo: Ática, 1995.

Le Boulch, Jean. *A educação pelo movimento — A psicocinética na idade escolar*. Porto Alegre: Artes Médicas, 1986.

_____. *Rumo a uma ciência do movimento humano*. Porto Alegre: Artes Médicas, 1987.

Leite, Sérgio A. da Silva. (org.) *Alfabetização e letramento — Contribuições para as práticas pedagógicas*. Campinas: Komedi/Arte Escrita, 2001.

Lerner, Delia. *Ler e escrever na escola — O real, o possível e o necessário*. Porto Alegre: Artmed, 2002.

LEROI-GOURHAN, André. *O gesto e a palavra* — Técnicas e linguagem. Lisboa: Edições 70, 1987.

LUFT, Celso. *Língua & liberdade*. Porto Alegre: L&PM, 1985.

LUIZE, Andréa. "O uso do computador e parcerias entre crianças na alfabetização inicial". In: COLELLO, Silvia M. Gasparian (org.). *Textos em contextos — Reflexões sobre o ensino da língua escrita*. São Paulo: Summus, 2011, p. 119-142.

LURIA, Alexander. "O desenvolvimento da escrita na criança". In: VYGOTSKI, Lev S.; LURIA, Alexander; LEONTIEV, Alexei. *Linguagem, desenvolvimento e aprendizagem*. São Paulo: Ícone/Edusp, 1988, p. 143-189.

MACEDO, Lino de. "Jogos de palavras e cognição". *Trino*, São Paulo, v. 2, p. 43-47, 1991.

_____. *Ensaios construtivistas*. São Paulo: Casa do Psicólogo, 1994.

MARSON, Fernando. *Da pré-escola à alfabetização*. Tese (livre-docência) —Faculdade de Educação da Universidade de São Paulo, São Paulo, 1989.

MARTINS, Margarida Alves. "Conceptualizações infantis sobre a linguagem escrita e aprendizagem da leitura". *Discursos — Estudos de língua e cultura portuguesa*. n. 8, p. 53-70, out. 1994. Disponível em: https://encurtador.com.br/2vaUy. Acesso em: 25 nov. 2024.

MOLINA, Olga. *Quem engana quem? — Professor x livro didático*. Campinas: Papirus, 1987.

MOLINARI, Claudia; FERREIRO, Emilia. "Identidades e diferenças na escrita em papel e em computador nas primeiras etapas do processo de alfabetização". In: FERREIRO, Emilia (org.). *O ingresso na escrita nas culturas do escrito — Seleção de textos de pesquisa*. São Paulo: Cortez, 2013, p. 77-100.

MORTATTI, Maria do Rosário. *Educação e letramento*. São Paulo: Unesp, 2004.

_____. "Alfabetização no Brasil — Conjecturas sobre as relações entre políticas públicas e seus sujeitos privados". *Revista Brasileira de Educação*, Rio de Janeiro, v. 15, n. 44, maio-ago. 2010.

Mowat, Jennifer. M. *Marie Clay's reading recovery — A critical review*. Tese (mestrado em Educação), University of Manitoba, Winnipeg, 1999. Disponível em: https://encurtador.com.br/dWUnT. Acesso em: 29 nov. 2024.

Muceniecks, Rebeca S.; Colello, Silvia M. Gasparian. "Alfabetização — Embates entre o construtivismo e o método fônico". *Revista Internacional d'Humanitats*, São Paulo/Barcelona, n. 62, p. 1-18, set.-dez. 2024a. Disponível em http://www.hottopos.com/rih62/Silvia.pdf. Acesso em: 21 out. 2024a.

_____. "Alfabetização no Brasil — Interlocução com relatórios fônicos internacionais". 2024b (no prelo).

Onrubia, Javier. "Ensinar: criar zonas de desenvolvimento proximal e nelas intervir". In: Coll, César *et al*. *O construtivismo na sala de aula*. São Paulo: Ática, 2006, p. 103-151.

Parra, Andreia Moraes M. *Identidade moral do professor — Intuição, autoconsciência e projeto de vida*. Tese (doutorado) em Educação, Universidade de São Paulo, São Paulo, 2024. Disponível em: https://encurtador.com.br/Xxxew. Acesso em: 29 nov. 2024.

Piaget, Jean. *Seis estudos de psicologia*. Rio de Janeiro: Forense Universitária, 1978.

_____. *O possível e o necessário — Evolução dos possíveis na criança*. v. 1. Porto Alegre: Artes Médicas, 1985.

_____. "O possível, o impossível e o necessário (as pesquisas em andamento ou projetadas no Centro Internacional de Epistemologia Genética)". In: Leite, Luci B.; Medeiros, Ana A. de (org.). *Piaget e a Escola de Genebra*. São Paulo: Cortez, 1987.

Purcell-Gates, Victória. "A alfabetização familiar: coordenação entre as aprendizagens da escola e as de casa" In: Teberosky, Ana *et. al*. *Contextos de alfabetização inicial*. Porto Alegre: Artmed, 2004, p. 29-40.

Rego, Lúcia B. "Descobrindo a língua escrita antes de aprender a ler" *Revista Brasileira de Estudos Pedagógicos*, Brasília, v. 66, n. 152, p. 5-27, jan.-abr. 1985.

RIBEIRO, Vera Masagão (org.). *Letramento no Brasil*. São Paulo: Global, 2003.

ROCCO, Maria Thereza. *Crise na linguagem — A redação no vestibular*. São Paulo: Mestre Jou, 1981.

_____. "Oral e escrita — Secções e intersecções". *Leitura — Teoria e prática?*, Porto Alegre, v. 14, p. 25-31, 1989.

ROJO, Roxane. *Letramentos múltiplos — Escola e inclusão social*. São Paulo: Parábola, 2009.

SAMPAIO, Fabiana. "Mais de 50% das crianças do 2º ano do fundamental não conseguem ler". *Agência Brasil*, 30 jan. 2024. Disponível em: https://encurtador.com.br/sOrt8. Acesso em: 2 dez. 2024.

SCRIBNER, Sylvia; COLE, Michael. *The psychology of literacy*. Cambridge: Harvard University Press, 1981.

SEMEGHINI-SIQUEIRA, Idméia. "Recursos educacionais apropriados para recuperação lúdica do processo de letramento emergente". *Revista Brasileira de Estudos Pedagógicos*, Brasília, v. 92, n. 230, p. 148-164, jan.-abr. 2011. Disponível em: https://encurtador.com.br/arlkK. Acesso em: 29 nov. 2024.

SILVA, Lilian Lopes; FERREIRA, Norma S. de A.; MORTATTI, Maria do Rosário. (orgs.). *O texto na sala de aula — Um clássico sobre ensino de língua portuguesa*. Campinas: Autores associados, 2014.

SILVA, Luiz Antônio da. (org.). *A língua que falamos — Português: história, variação e discurso*. São Paulo: Globo, 2005.

SILVA, Nilce da; COLELLO, Silvia M. Gasparian. "Letramento — Do processo de exclusão social aos vícios da prática pedagógica". *Videtur*, Porto, n. 21, p. 21-34, 2003. Disponível em: http://www.hottopos.com/videtur21/nilce.htm. Acesso em 22 nov. 2024.

SIQUEIRA, Renata R. Fiorin; COLELLO, Silvia M. Gasparian "Práticas de ensino no ciclo de alfabetização: o foco em atividades notacionais". In: Congresso Brasileiro de Alfabetização, VI, 2023, Belém. *Anais* [...] Florianópolis: Associação Brasileira de Alfabetização, ago. 2023, p. 1-10. Disponível em: https://encurtador.com.br/8KPgE. Acesso em: 29 nov. 2024.

SMITH, Frank. *Compreendendo a leitura — Uma análise psicolinguística da leitura e do aprender a ler*. Porto Alegre: Artes Médicas, 1989.

SMOLKA, Ana Luiza. *A criança na fase inicial da escrita — A alfabetização como processo discursivo*. São Paulo: Cortez; Campinas: Ed. da Unicamp, 2008.

SOARES, Magda. *Linguagem e escola*. São Paulo: Ática, 1991.

_____. "Língua escrita, sociedade e cultura: relações, dimensões e perspectivas". in: *Revista Brasileira de Educação*, Rio de Janeiro, n. 0, p. 5-16, set.-dez. 1995. Disponível em: https://encurtador.com.br/VnXCh. Acesso em: 29 nov. 2024.

_____. *Letramento — Um tema em três gêneros*. Belo Horizonte: Autêntica, 1998.

_____. "Letramento e escolarização". In: RIBEIRO, Vera Mazagão (org.). *Letramento no Brasil*. São Paulo: Global, 2003.

_____. "Letramento e alfabetização: as muitas facetas". *Revista Brasileira de Educação*, Rio de Janeiro, n. 25, jan.-abr. 2004. Disponível em: https://encurtador.com.br/LISmo/. Acesso em: 9 out. 2024.

_____. *Alfaletrar — Toda criança pode aprender a ler e escrever*. São Paulo: Contexto, 2020.

SOUSA, Mauricio de. *Chico Bento — O bom português*, n. 53. Rio de Janeiro: Globo, 1989.

STREET, Brian V. *Literacy in theory and practice*. Cambridge: Cambridge University Press, 1984.

TEBEROSKY, Ana. "Alfabetização e tecnologia da informação e da comunicação (TIC)" In: TEBEROSKY, Ana; GALLART, Marta Soler (orgs.). *Contextos de alfabetização inicial*. Porto Alegre: Artmed, 2004, p. 153-164.

_____. *Psicopedagogia da língua escrita*. Campinas: Trajetória Cultural, 1990.

TEBEROSKY, Ana; CARDOSO, Beatriz (orgs.). *Reflexões sobre o ensino da leitura e da escrita*. Campinas: Trajetória Cultural, 1990.

TEBEROSKY, Ana; COLOMER, Teresa. *Aprender a ler e a escrever — Uma proposta construtivista*. Porto Alegre: Artmed, 2003.

Tfouni, Leda V. *Letramento e alfabetização*. São Paulo: Cortez, 1995.

Varis, Tapio. "Nuevas formas de alfabetización y nuevas competencias en e-learning". *Art the Crow*, 27 set. 2007. Disponível em: https://www.arthecrow.org/nuevas-formas-de-alfabetizacion-y-nuevas-competencias-en-el-e-learning/. Acesso em 9 out. 2024.

Vygotski, Lev. S. *A formação social da mente*. São Paulo: Martins Fontes, 1988.

_____. *Obras escogidas III*. Madri: Centro de Publicaciones del MEC/Visor, 2000.

Vygotsky, Lev S. *Pensamento e linguagem*. São Paulo: Martins Fontes, 1987.

Weisz, Telma; Sanchez, Ana. *O diálogo entre o ensino e a aprendizagem*. São Paulo: Ática, 2002.

Zen, Giovana C.; Molinari, María Clara.; Soto, Arizbeth. "A construção da escrita no português brasileiro a partir da perspectiva psicogenética, construtivista". *Praxis Educacional*, Salvador, v. 20, n. 51, p. 1-16, 2022. Disponível em: https://encurtador.com.br/fncyE. Acesso em: 24 nov. 2024.

Apêndice

Materiais complementares[32]

Introdução

"A importância da alfabetização"
Programa Conexão Escola — Informando #17: Alfabetização, 2022
Secretaria Municipal de Educação de Goiânia e Universidade Federal do Goiás

"Alfabetização também envolve desenvolver pensamento crítico"
TV Novo Tempo, Programa Revista Novo Tempo, 2023

"Panorama: alfabetização"
Entrevista com Gabriel Correia e Silvia Gasparian Colello
Jornalismo TV Cultura, 2017

---

32. Outros materiais — textos, artigos, vídeos, videoaulas, palestras, entrevistas, reportagens, trabalhos de pesquisa e indicação de livros — podem ser encontrados em www.silviacolello.com.br.

1. Escrita e linguagem

"As linguagens no processo de formação humana"
Aula 2 da disciplina Linguagens na educação: conteúdos, formas e relações na escola
Curso Repensando o Currículo — Feusp/Iungo, 2021

"Revendo paradigmas: concepções de língua"
Aula 3 da disciplina Linguagens na educação: conteúdos, formas e relações na escola
Curso Repensando o Currículo — Feusp/Iungo, 2021

"Concepção de língua e implicações para a produção textual"
Aula 1 da disciplina Produção de texto e comunicação
Cursos de Engenharia e Licenciatura — Univesp, 2015

"A língua na perspectiva discursiva"
Aula 4 da Disciplina Linguagens na educação: conteúdos, formas e relações na escola
Curso Repensando o Currículo — Feusp/Iungo, 2021

Luiz, Dalila Gonçalves; Colello, Silvia M. Gasparian. "A concepção discursiva de linguagem na prática pedagógica". *Convenit Internacional*, n. 33. São Paulo/Porto: Universidade do Porto, p. 65-74, maio-ago. 2020.

"A contribuição de Bakhtin para o ensino da língua escrita"
Aula 7 da disciplina Alfabetização e letramento
Curso de Pedagogia — Univesp, 2019

"Contribuições de Bakhtin para se pensar as práticas discursivas na aprendizagem da leitura/escrita"

Aula aberta promovida pelos grupos Gellite (Universidade Federal de Alagoas/Ufal) e Gepel (Universidade Federal do Acre/Ufac), 2023

"Ensinar a ler ou formar o leitor?"
Palestra proferida no 2º Congresso de Leitura Online (Conaler), 2017

"O ensino da língua estrangeira na escola"
Entrevista com a profa. dra. Ana Paula Martinez Duboc
Aula 9 da disciplina Linguagens na educação: conteúdos, formas e relações na escola
Curso Repensando o Currículo — Feusp/Iungo, 2021

"A arte como linguagem na escola"
Entrevista com a profa. dra. Sumaya Mattar
Aula 13 da disciplina Linguagens na educação: conteúdos, formas e relações na escola
Curso Repensando o Currículo — Feusp/Iungo, 2021

2. Escrita e educação de corpo inteiro

"A educação física como linguagem"
Entrevista com o prof. dr. Marcos Neira
Aula 10 da disciplina Linguagens na educação: conteúdos, formas e relações na escola
Curso Repensando o Currículo — Feusp/Iungo, 2021

3. Escrita e oralidade

MUCENIECKS, Rebeca S.; COLELLO, Silvia M. Gasparian. "Alfabetização: embates entre o construtivismo e o método fônico". *Revista Internacional d'Humanitats*, São Paulo/Barcelona, n. 62, p. 1-18, set.-dez. 2024.

4. Alfabetização como construção cognitiva

"Piaget: um referencial a ser considerado"
Aula 1 da disciplina Alfabetização e letramento II
Curso de Pedagogia — Univesp, 2019

"Emilia Ferreiro: um novo olhar sobre o processo de alfabetização"
Aula 2 da disciplina Alfabetização e letramento II
Curso de Pedagogia — Univesp, 2019

"Psicogênese da língua escrita: como se aprende a escrever?"
Aula 3 da disciplina Alfabetização e letramento II
Curso de Pedagogia — Univesp, 2019

"Sondagem diagnóstica e frentes cognitivas na construção da escrita"
Aula 4 da disciplina Alfabetização e letramento II
Curso de Pedagogia — Univesp, 2019

"Psicogênese da língua escrita: como se aprende a ler"
Aula 5 da disciplina Alfabetização e letramento II
Curso de Pedagogia— Univesp, 2019

"Live Unicef — Por uma alfabetização para além de sons, letras e sílabas"
Unicef/Instituto Avisa Lá, 2023

"Práticas de escrita: ensinar a escrever ou formar o sujeito autor?
Aula 5 da disciplina Linguagens na educação: conteúdos, formas e relações na escola
Curso Repensando o Currículo — Feusp/Iungo, 2021

"A leitura para além da decodificação"
Aula 3 da disciplina Produção de texto e comunicação
Cursos de Engenharia e Licenciatura — Univesp, 2014

COLELLO, Silvia M. Gasparian. "A leitura para além da decodificação"
Trabalho apresentado no 17º Congresso de Leitura (Cole), 2009

"Competências de leitura"
Aula 4 da disciplina Produção de texto e comunicação
Cursos de Engenharia e Licenciatura — Univesp, 2014

"Leitura e literatura: desafios na formação do sujeito leitor"
Aula 6 da disciplina Linguagens na educação: conteúdos, formas e relações na escola
Curso Repensando o Currículo — Feusp/Iungo, 2021

"A criança que não aprende"
Aula da disciplina Profissão Docente
Curso de especialização Ética, valores e saúde na escola — Univesp, 2016
E-aulas — Portal de Videoaulas USP

"Quem é o sujeito em recuperação de aprendizagem?"
II Seminário de Recuperação de Aprendizagens
Secretaria Municipal de Educação de São Paulo, 2019

COLELLO, Silvia M. Gasparian. "Quem é o sujeito em recuperação — Os sentidos do fracasso escolar". *Convenit Internacional*, São Paulo/Porto, n. 32, p. 85-94, jan.-abr. 2020.

5. Currículo oculto e letramento emergente

"Educação Brasileira 54: Alfabetização — Silvia Colello e Ederson Granetto"
TV Univesp, 2011

"Princípios e objetivos da alfabetização"
Portal Conexão Escola, Informando #18: Alfabetização, 2022
Secretaria Municipal de Educação de Goiânia e Universidade Federal de Goiás

LUIZ, Dalila Gonçalves; COLELLO, Silvia M. Gasparian. "Apropriação da cultura escrita pela criança de educação infantil. *International Studies on Law and Education*, São Paulo, n. 36, p. 1-12, set.-dez. 2020.

"Letramento e os mecanismos do não aprender"
Aula 8 da disciplina Linguagens na educação: conteúdos, formas e relações na escola
Curso Repensando o Currículo — Feusp/Iungo, 2021

6. Linguagem e discriminação social

"Diversidade cultural, desenvolvimento e aprendizagem"
Aula 6 da disciplina Psicologia do desenvolvimento
Univesp, 2014

7. Alfabetização e pensamento

"A contribuição de Vigotski: linguagem, aprendizagem e alfabetização"
Aula 5 da disciplina Alfabetização e letramento
Curso de Pedagogia — Univesp, 2019

"Vigotski: a pré-história da alfabetização"
Aula 6 da disciplina Alfabetização e letramento
Curso de Pedagogia — Univesp, 2019

8. Escrita e pedagogia da alfabetização

"Marcos históricos do ensino da escrita"
Aula 6 da disciplina Alfabetização e letramento II
Curso de Pedagogia — Univesp, 2019

"Métodos de alfabetização"
Entrevista com a profa. dra. Elaine Vidal
Aula 2 da disciplina Alfabetização e letramento
Curso de Pedagogia — Univesp, 2019

"Paulo Freire: alfabetização na perspectiva da educação libertadora"
Entrevista com a profa. dra. Lisete Arelaro
Aula 4 da disciplina Alfabetização e letramento
Curso de Pedagogia — Univesp, 2019

"Processos de aprendizagem e implicações para a prática docente"
Aula 14 dos cursos de especialização Ética, valores e saúde (Univesp, 2011) e Ética, valores e cidadania (Univesp, 2012)

"Alfabetização na educação infantil e no ensino fundamental: o quê, como e por quê?"
I Encontro de Transição Campos do Jordão, 2018
"Programa VIM II", projeto da Fundação Lucia e Pelerson Penido (Flupp) — Apoio aos municípios do Vale do Paraíba

"Revendo paradigmas: modelos de ensino e aprendizagem"
Aula 1 da disciplina Linguagens na educação: conteúdos, formas e relações na escola
Curso Repensando o Currículo — Feusp/Iungo, 2021

"Modelos de ensino: das concepções docentes às práticas pedagógicas"
Aula ministrada nos cursos de especialização Ética, valores e saúde (Univesp, 2011) e Ética, valores e cidadania (Univesp, 2012)

"O ensino da língua no contexto das diferentes posturas educativas"
Aula 3 da disciplina Alfabetização e letramento
Curso de Pedagogia — Univesp, 2019

"A língua escrita na escola"
Aula 1 da disciplina Alfabetização e letramento
Curso de Pedagogia — Univesp, 2019

FRIGO, Andrea B. Gonzalez; COLELLO, Silvia M. Gasparian. "Sobre a língua escrita e o ensino da língua na escola". *Convenit Internacional*, São Paulo/Porto, n. 28, p. 63-72, set.-dez. 2018.

"É possível aprender a ler e escrever?"
Aula 10 da disciplina Alfabetização e letramento II
Curso de Pedagogia — Univesp, 2019

"Linguagens: interações, mediações e relações na escola"
Aula 14 da disciplina Linguagens na educação: conteúdos, formas e relações na escola
Curso Repensando o Currículo — Feusp/Iungo, 2021

SIQUEIRA, Renata R. Fiorin.; COLELLO, Silvia M. Gasparian. "Práticas pedagógicas: como se ensina a ler e escrever no ciclo de alfabetização". *Revista Internacional d'Humanitats*, São Paulo/Barcelona, n. 50, p. 111-126, set.-dez. 2020.

 TEIXEIRA, Larissa. "Como se ensina e se aprende a linguagem na educação infantil?" Entrevista com Silvia Colello
Nova Escola, 2018

 "Como se ensina a ler e escrever: princípios do ensino e modalidades didáticas"
Aula 7 da disciplina Alfabetização e letramento II
Curso de Pedagogia — Univesp, 2019

 "Alfabetização: o quê, por quê e como"
3º Ciclo de lives do Grupo de Estudos e Pesquisas sobre Alfabetização, Leitura e Letramento da Universidade de São Paulo (Gepalle/USP) — Seminários de Formação de Professores — Lutas e (res)significações, 2021

 "Alfabetizar letrando na perspectiva das metodologias ativas — Parte 1"
1º Congresso Brasileiro de Metodologias Ativas na Educação Básica, 2021

 "Alfabetizar letrando na perspectiva das metodologias ativas — Parte 2"
1º Congresso Brasileiro de Metodologias Ativas na Educação Básica, 2021

"Projetos didáticos em sala de alfabetização: entrevista com a professora Elaine Gomes Vidal"
Aula 8 da disciplina Alfabetização e letramento II
Curso de Pedagogia — Univesp, 2019

"Práticas de ensino da língua escrita: entrevista com a professora Claudia Aratangy"
Aula 9 da disciplina Alfabetização e letramento II
Curso de Pedagogia — Univesp, 2019

"Os jovens e a leitura" — Entrevista com Silvia Colello
Programa de formação de professores da FTD, 2013

"Leitura de literatura" — Entrevista com Silvia Colello
Programa de formação de professores da FTD, 2013

COLELLO, Silvia M. Gasparian. "Leitura na escola: competências e implicações pedagógicas"
Trabalho apresentado no XVII Congresso e Feira da Educação Saber — Aprender e ensinar com felicidade: o saber em busca do bem-estar, 2013

"Alfabetização" — Entrevista com Silvia Colello
Programa de formação de professores da FTD, 2014

"Educação no Brasil (2/3) — Quais os vícios que levam a escola não ensinar aos alunos?"
Jovem Pan News Online, 2012

"Educação no Brasil (3/3) — Saiba quais medidas podem ajudar a melhorar o ensino no país"
Jovem Pan News Online, 2012

"Existe jeito certo de alfabetizar?"
MyNews Entrevista, 2019

9. Alfabetização e letramento

 "Existem muitos analfabetos funcionais no Brasil?
Programa De Olho na Educação — TV Cultura, Fundação Padre Anchieta, 2018

 "O analfabetismo funcional no Brasil"
Panorama — TV Cultura, Fundação Padre Anchieta, 2018

 "A situação do analfabetismo e analfabetismo funcional no Brasil"
Jornal da Cultura — TV Cultura, Fundação Padre Anchieta 2019

 "Letramento e analfabetismo funcional"
Aula 2 da disciplina Leitura e produção de texto
Cursos de Engenharia e Licenciatura — Univesp, 2014

 "Letramento, letramentos, multiletramentos"
Aula 7 da disciplina Linguagens na educação: conteúdos, formas e relações na escola
Curso Repensando o Currículo — Feusp/Iungo, 2021

 "Educação no Brasil (1/3) — Professora fala sobre a ideia do livro *A escola que (não) ensina a escrever*"
Jovem Pan News Online, 2012

 "A origem do conceito de letramento"
Entrevista com a professora Silvia Colello (parte 1)
Oxford University Press, 2015

"O quadro de analfabetismo no Brasil"
Entrevista com a professora Silvia Colello (parte 2)
Oxford University Press, 2015

"Debate sobre o letramento e riscos para a prática pedagógica"
Entrevista com a professora Silvia Colello (parte 3)
Oxford University Press, 2015

"Princípios fundamentais para um ensino significativo"
Entrevista com a professora Silvia Colello (parte 4)
Oxford University Press, 2015

"Letramento e alfabetização"
Entrevista com a professora Silvia Colello (parte 5)
Oxford University Press, 2015

"Alfabetização no século 21 — Alfabetização e letramento: procedimentos, teoria e prática"
7ª Semana Rede Pedagógica, 2021

"Por que alfabetizar letrando?"
Aula 8 da disciplina Alfabetização e letramento
Curso de Pedagogia — Univesp, 2019

LUCAS, Maria A. O. Francisco; COLELLO, Silvia M. Gasparian. "Como os professores compreendem o ensino da língua na educação infantil?". *International Studies on Law and Education*, São Paulo/Porto, n. 31/32, p. 93-106, jan.-ago. 2019.

"Educação infantil: trabalhando a alfabetização e o letramento"
Webinar — Sistema Etapa

10. Alfabetização ou alfabetização digital?

"O desafio de reinventar a escola"
Aula 11 da disciplina Psicologia da aprendizagem
Curso de Licenciatura — Univesp, 2014

"Tecnologia e educação"
Aula 12 da disciplina Psicologia da aprendizagem
Curso de Licenciatura — Univesp, 2014

"Tecnologias e linguagens na escola"
Aula 11 da disciplina Linguagens na educação: conteúdos, formas e relações na escola
Curso Repensando o Currículo — Feusp/Iungo, 2021

GRANCHI, Giulia. "GraphoGame: por que o app citado por Bolsonaro não alfabetiza em 6 meses"
BBC News, 2022

COLELLO, Silvia M. Gasparian. "Entre os apelos da sociedade tecnológica e o desafio de alfabetizar". Aplitech Foundation, 2028

Conclusão

"O direito à alfabetização — Comemoração do dia internacional de alfabetização"
Ciclo de lives do Grupo de Estudos e Pesquisas sobre Alfabetização, Leitura e Letramento da Universidade de São Paulo (Gepalle/USP), 2021

"5 perguntas sobre alfabetização" — Entrevista com Silvia Colello
BM Comunicação, Instituto Claro, 2019

"A escola que (não) ensina a escrever"
Unicentro TV, 2012

"Qual é o maior desafio da alfabetização em 2013?"
TV UOL, 2013

"O desafio do analfabetismo no Brasil — Silvia Colello"
Notícias Univesp, 2012

COLELLO, Silvia M. Gasparian. "O que garante a alfabetização?"
14 de novembro — Dia nacional da alfabetização: retrocessos e reavaliações
Centro do Professorado Paulista, 2022

"Papel do professor e a constituição docente na prática pedagógica"
Palestra da profa. dra. Silvia Colello
Encontro do Lab Educare (Feusp), 2024

leia também

ALFABETIZAÇÃO — O QUÊ, POR QUÊ E COMO
Silvia M. Gasparian Colello

Admitindo que a alfabetização, além de legítima meta pedagógica, é decisiva para a constituição do ser humano, o tema merece ser considerado por meio de abordagem multifacetada — o mosaico de fundamentação, conceitos, diretrizes, processos de aprendizagem, práticas de ensino e compreensão dos mecanismos de fracasso escolar. Com base nos apelos de nossa sociedade e nos desafios para a reversão dos quadros de analfabetismo, analfabetismo funcional e baixo letramento, esta obra pretende contribuir para os debates educacionais, apontando possíveis articulações entre "o que se ensina quando se ensina a ler e escrever", "por que se ensina a ler e escrever" e "como se ensina a ler e escrever". Na dialética entre teoria e prática, o livro assume o propósito de promover a compreensão para que melhor se possa ensinar. Nessa perspectiva, constitui-se como uma coletânea de textos que, mesmo independentes, "dialogam" recursivamente entre si e, ainda, marcam uma posição no atual cenário de incertezas e diversidade de proposições. Ao final, material complementar recheado de vídeos sobre a temática de cada capítulo.

ISBN: 9786555490220

A ESCOLA QUE (NÃO) ENSINA A ESCREVER
Silvia M. Gasparian Colello

A fim de repensar as concepções acerca da língua, do ensino, da aprendizagem e das práticas pedagógicas, este livro levanta diversos questionamentos sobre a alfabetização como é praticada hoje nas escolas. Depois de analisar diversas falhas didáticas e tendências pedagógicas viciadas, a autora oferece alternativas que subsidiem a construção de uma escola que efetivamente ensine a escrever.

ISBN: 9788532302465

www.gruposummus.com.br